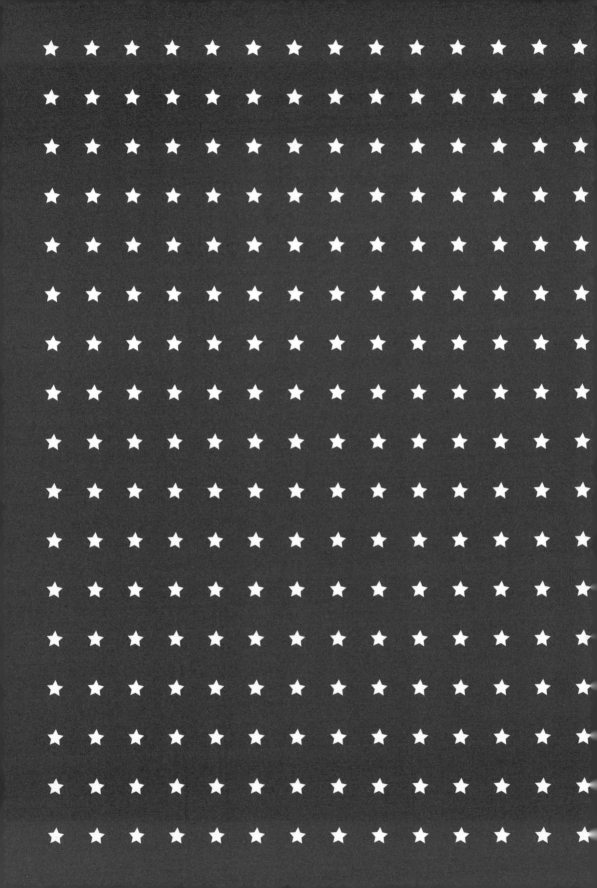

★ ★ ★ ★ ★
미국 주식^{으로}
은퇴하기

1,000만 조회 수 유튜버
'미주은'의 투자 교과서

미국 주식으로 은퇴하기

최철
('미주은' 유튜버)
지음

미국 주식으로 15년 안에 33억 만들어 은퇴하자!

BM 황금부엉이

★ ★ ★ ★ ★
우리 모두가 미국 주식 투자로
은퇴하는 그 날을 위해

유튜브 '미국 주식으로 은퇴하기'를 개설한 것이 엊그제 같은데, 같은 제목의 투자서를 출간하게 되어 개인적으로 감개가 무량하다. (책을 보기 전이라) 아직 실감은 나지 않아 눈물까지는 나오지 않는다. '미국 주식으로 은퇴하기'의 구독자가 두세 달 만에 10만을 훌쩍 넘어가면서 너무나 많은 투자자에게 진심 어린 격려의 메시지와 분에 넘치는 사랑과 관심을 받고 있다. 이 책은 그 많은 투자자의 뜨거운 성원과 응원에 힘입어 출간하게 됐다.

2020년 6월, '미국 주식으로 은퇴하기(또는 '미주은')'라는 미국 주식 투자를 다루는 유튜브 채널을 처음 기획할 때, 영어 채널과 한국어 채널 중 어떤 언어의 채널로 할지 고민이 많았다. 처음에는 오디언스(Audience)의 숫자가 압도적으로 많은 영어권을 타깃으로 한 채널을 생각했다가 기획 마지막 단계에서 한국 투자자들을 위한 채널로 방향을 급선회했다.

필자는 한국에서 태어났고 대학도 한국에서 졸업했지만, 지난 20년 가까이 외국에서 직장생활을 해왔고 'KHotelier CC'라는 영어 채널을 1년 넘게 운영했던 경험이 있었기 때문에 한국어로 방송하는 것이 처음에는 많이 어색했다(물론 필자의 한국식 영어를 들어본 사람들은 이 부분을 이해하기 힘들 것이다). 그런데도 한국어 채널을 선택했던 이유는 미국 주식 투자에 대한 한국 투자자들의 관심이 급상승하고 있는 추세에도 불구하고 한국 투자자들을 대상으로 하는 미국 주식 관련 콘텐츠가 너무나 부족하다는 판단에서였다. 한국 주식 시장은 전반적으로 단기적인 트레이딩(Trading) 위주로 투자 정보가 형성되다 보니 장기적 투자가 좀 더 대세로 여겨지는 미국 주식 시장에서는 적용하기가 어려운 부분이 많고, 언어적인 제한으로 인해 투자자들이 접근 가능한 정보가 매우 제한적이라고 판단했다.

같은 맥락에서 이 책은 이미 미국 주식에 투자했지만 부족한 투자 정보로 인해 어려움을 겪고 있는 투자자들, 미국 주식 투자에 관심이 많지만 언어적인 문제와 제한적인 정보의 한계 때문에 시작할 엄두를 내지 못하고 있는 예비 투자자들을 위해 기획됐다.

미주은 채널을 운영하면서 구독자들이 남겨주는 댓글들을 꼼꼼하게 챙겨 읽는 편인데, 그 댓글들을 통해 많은 사람이 미주은 채널의 영상들을 반복적으로 시청하면서 노트 필기까지 하고 있음을 알게 됐다. 미국 주식 용어나 기업 평가 지수, 경제 지표 등의 다소 따분하고 어려울 수 있는 내용을 필자 나름대로는 이해하기 쉽게 설명하는 데 초점을 맞춰 방송을 꾸려왔음에도 불구하고 한계가 있었던 것이다. 또한 학습자의 이해도와 관계없이 진도가 나가버리는 영상 매체의 특성으로 인해 방송 내용을 100% 이해하는 데 어려움을 겪고 있는 구독자들의 모습을 생각하니 마음 한편에 항상 안타까움이 있었다. 따라서 이 책은 미국 주식 초보 투자자들이 앞으로 노트 필기 등의 힘든 과정을 줄여나가면서 좀 더 쉽게 미국 주식 투자의 여정을 즐길 수 있도록 도와주는 미국 주식 투자의 교과서와 같은 역할을 할 수 있으리라 기대해본다. 책 좀 많이 사달라는 부탁의 말씀을 돌려서 해봤다.

책의 제목에서 유추할 수 있듯이 이 책은 미국 주식을 통해 단기적인 이익, 소위 말하는 대박을 기대하는 투자자를 위한 내용으로 꾸며져 있지는 않다. 미국 주식 시장은 과거 20~30년간 꾸준히 우상향을 했으며 이러한 추세는 이제 막 시작점에 들어선 4차 산업혁명의 추진력으로 인해 앞으로도 상당 기간 지속할 가능성이 높다. 그래서 이 책에서 다루는 내용은 최소 5년, 나아가 10~15년의 장기적인 관점에서 미국 주식 투자에 필요한 기본 지식과 원칙들을 바탕으로 한 건강한 투자를 계획하는 투자자들을 대상으로 한다.

이 책은 크게 다섯 부분으로 구성되어 있다.

1장에서는 우리가 풍요로운 은퇴생활을 설계하는 데 있어 미국 주식 투자를 선택해야 하는 당위성을 설명했다. 또한 독자 여러분이 현재 자신의 나이, 소득수준에 맞춰 실질적인 은퇴자금 목표를 설정하고 은퇴계획을 직접 설계해볼 수 있도록 구체적인 은퇴계획 작성법을 이해하기 쉽게 보여준다.

2장에서는 독자 여러분이 자칫 혼동할 수 있는, 주식 트레이딩과 주식 투자 간의 차이점을 확실히 이해할 수 있을 것이다. 또한 장기 투자를 해야 하는 이유를 장기 투자의 장점들을 통해 알 수 있을 것이다. 이것은 생각보다 매우 중요한 투자의 시작점이다. 앞으로 미국 주식 투자에 있어 성공적인 결과를 끌어내는 데 초석과 같은 역할을 할 것이다.

3장에서는 드디어 실전에 필요한 기본 지식을 쌓을 차례다. 미국 주식 투자를 진행하는 데 있어 반드시 필요한 미국 주식 용어, 투자 정보를 획득할 수 있는 경로나 채널들을 자세히 설명하고 있다. 또한 독자 여러분이 가치주와 성장주 간의 차이점을 정확히 이해하고, 이에 따라 적합한 투자 전략을 세울 수 있도록 해주는 세부적인 방법을 제시하고 있다. 많은 투자자가 궁금해하는 미국 배당주에 대한 내용도 만날 수 있다. 비교적 딱딱한 내용이 될 수도 있지만 중요한 부분이니 3장을 읽다가 이 책을 던져 버리지 않았으면 하는 바람이다.

4장에서는 미국 주식 투자를 직접 할 때 필요한 기술에 대해 다뤘다. 먼저 펀드 투자와 종목 투자 간의 차이점에 대해 살펴보고 수많은 투자 종목 중 가장 높은 수익률을 안겨줄 종목을 선정하는 과정을 구체적으로 기술했다. 또한 이러한 종목 선정과정을 통해 필자가 투자하고 있는 종목들을 정리한 포트폴리오를 공개하여 독자 여러분과 공유하고자 한다. 4장의 내용은 필자의 주관적인 투자방향이 다분히 포함되어 있다. 독자 여러분은 참고하면서 자신의 투자성향과 개인적 판단에 입각한 자신만의 포트폴리오를 구상해보는 것이 중요하다.

마지막 5장은 우리가 장기적으로 투자를 진행하면서 마주하게 되는 수많은 유혹과 고비의 순간을 어떻게 헤쳐 나갈 수 있는지 필자의 경험에서 우러나오는 잔소리 형식으로 정리해봤다. 5장에서 언급한 내용만 충분히 숙지하고 실제로 투자할 때 적용할 수만 있다면 성공적인 투자의 결과는 90% 이상 확보되는 것이라고 확신한다. 5장 마지막에서는 모든 투자활동의 근본 목적인 '행복'에 대해서 함께 생각해보는 시간도 마련했다.

미국 주식 투자는 고도의 지능이 필요한 로켓 사이언스(Rocket Science, 로켓 공학)가 아니다. 그 대신 확률의 게임이다. 따라서 투자에 필요한 기본기를 충실히 쌓고, 시장 상황과 투자 기업에 대한 꾸준한 학습과 모니터링을 위해 시간과 노력을 아끼지 않는다면 우리 모두가 미국 주식으로 은퇴하는 그 날이 반드시 찾아오리라 의심치 않는다.

마지막으로 불과 몇 달 전, 구독자 0명으로 시작했던 미주은을 이런 위치에 세워준, 사랑하는 15만 미주은 패밀리 여러분께 진심 어린 감사의 말씀과 함께 이 책을 바친다.

★ ★ ★ ★ ★

1장

★ ★ ★ ★ ★

미국 주식 투자,
아직도 망설이세요?

필자는 소위 말하는 X세대다. 이해하기 힘든 세대라서 붙여진 이름이라고 한다. 아무튼 우리 시대에 한국에서 태어나 자라난 세대는 대체로 비슷한 잔소리를 우리 부모세대에게 들으면서 성장했다. 아직도 기억에 생생한 우리 어머니의 잔소리들은 "도박하면 패가망신한다", "친구와는 돈 거래하지 마라", "데모하지 마라" 등이 있다.

이렇게 반복되는 어머니들의 잔소리는 생각보다 그 파장이 커서 우리가 성인으로 성장한 이후까지도 큰 영향력을 발휘할 가능성이 높다. 필자에게 있어그 영향력 있는 잔소리들 중 하나가 "주식하면 패가망신한다"였다. 그래서 마흔이 넘는 나이가 될 때까지도 주식 투자는 도박과 마찬가지로 멀리해야 할 금기에 가까운 것이었고 본격적인 주식 투자활동이 늦어진 결정적인 이유였다. 너무 말 잘 듣는 효자, 효녀로 키워도 문제다.

한국에서 주식 투자에 대한 여론이 아직까지도 부정적인 틀을 벗어나지 못하고 있는 데는 '부'에 대한 사회적 이미지가 한몫하고 있다고 생각한다. 적어도 필자가 교육받으며 자라나던 시기에는 부의 축적을 부정부패 등의 사회악과 결부시키면서 부의 축적을 위해 공부하고 애쓰는 행위는 바람직하지 못한것으로 치부하는 어처구니없는 사회적 분위기가 조성되어 있었다. 이러한 환경에서 성장한 세대는 자연스럽게 돈이나 부에 대해 적극적으로 학습할 기회를 갖지 못하게 되고 이는 결국 돈이나 부에 대한 '무지'라는 처참한 결과에 이르게 됐다. 한국의 노인 빈곤율이 43.8%라는 압도적인 수치로 세계 1위를 차지하고 있는 것도 우연의 결과가 아닌 셈이다.

따라서 아직까지 경제활동을 통해 소득을 창출할 능력이 있는 세대들이 윗세대의 실수를 반복하지 않으려면 지금부터라도 돈의 습성에 대해 철저히 학습하고 부의 축적을 위해 많은 관심과 노력을 기울이면서 노후생활을 준비해나가야 한다.

물론 한국에서도 부동산 투자에 대한 열풍은 아주 오래전부터 지속되어 왔다. 그런데 부동산 투자는 대규모 자본이 필요한 투자방식이라서 일부 중산층과 부유층에게만 그 기회가 열려 있다. 따라서 소규모 자본으로도 얼마든지 시작할 수 있으며 복리의 마법을 이용해 부의 축적을 도모할 수 있는 주식 투자는 불투명한 미래가 걱정되는 사람이라면 누구나 관심 갖고 살펴봐야 할 대표적인 투자의 방법이다. 자, 이제 우리가 미국 주식 투자에 관심을 기울여야 하는 가장 큰 이유 중 하나인 '복리의 마법'부터 소개하면서 미국 주식 투자의 당위성에 대해 말하고자 한다.

≡1≡
우리를 부자로 만들어줄 투자의 법칙, '72법칙'

　'복리의 마법'이라는 말은 아마도 독자 여러분 대부분이 이미 들어봤을 것이다. 그런데 '복리의 마법'이 투자자들에 안겨줄 수 있는 엄청난 투자수익에 관해서는 상당 부분 간과되는 경향이 있는 것 같아 관련한 '72법칙'에 대해 간단히 소개하고자 한다.

　'72법칙'은 놀랍게도 20세기 최고의 과학자인 알베르트 아인슈타인(Albert Einstein)에 의해서 제시된 법칙이다. 모르긴 해도, 아인슈타인도 돈은 벌고 싶었던 모양이다. '72법칙'은 간단히 말해, 복리의 마법을 이용해 투자금액을 2배로 불릴 수 있는 기간을 계산하는 공식이다. '72'를 기대 가능한 연평균 수익률로 나누게 되면 원금이 2배로 불어나는 데 필요한 시간을 계산할 수 있다. 예를 들어, 연복리가 6%라면 원금을 2배로 만드는 데 걸리는 시간은 12년이 걸리는 반면, 연복리가 12%라면 원금은 단 6년 만에 2배로 늘어나게 된다.

이렇게 신기한 72법칙을 주식 투자에 결부시켜 생각해보면 새삼 '복리의 마법'이라는 말을 실감하게 된다. 나스닥(Nasdaq)의 시가총액 기준 상위 100개 종목으로 구성된 ETF(Exchange Traded Fund)인 QQQ(Invesco QQQ Trust Series 1)의 경우, 지난 10년간의 연평균 총수익률이 21%에 달한다. 72를 QQQ의 연평균 수익률 21로 나누면 약 3.4라는 숫자가 나온다. 10년 전에 QQQ에 1억 원을 투자한 투자자의 경우 3.4년 후에는 원금이 2억 원이 되고, 6.8년 후에는 4억 원, 그리고 10.2년 후에는 원금 1억 원이 8억 원으로 늘어나는 멋진 경험을 했다고 할 수 있다. 아인슈타인은 심지어 '복리의 마법'에 대해 다음과 같은 말을 남겼다.

"복리는 세계 8대 불가사의 중 하나다. 복리를 이해하는 자는 돈을 벌 것이며 복리를 모르는 자는 그 대가를 치를 것이다."

우리는 이 두 그룹 중 어느 쪽에 줄을 서야 할까?

[복리의 마법 _ 72법칙]

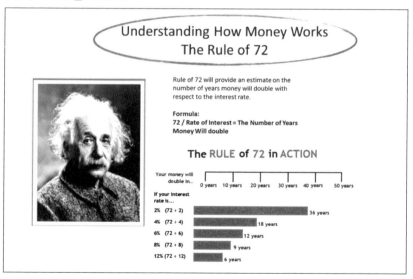

• 출처: facebook.com/AniPhyo

여기까지 읽은 독자라면 이제 주식이라는 투자의 세계에 대해 어느 정도 관심이 생겼다고 믿는다. 주식 투자에 '급(急)관심'을 가졌다면 이제는 왜 한국 주식이 아니고 미국 주식에 투자하는 것이 현명한 선택인지에 대해 생각해볼 차례다. 우리의 은퇴 이후 삶을 풍요롭게 만들어줄 미국 주식 투자의 여정, "그럼, 바로 시작합니다!"

2
왜
미국 주식이어야 하는가?

한국 주식에 투자하는 것에 비해 미국 주식에 투자하는 과정은 생각보다 많은 어려움을 극복해내야 한다. 언어적인 문제가 가장 먼저 떠오를 것이다. 그리고 투자할 기업이나 시장 상황에 대한 정보 습득의 어려움도 있다. 이 어려움을 많은 시간과 노력을 통해 해결할 수 있다고 해도 국내 주식을 살 경우에는 신경 쓰지 않아도 됐을 환전 수수료가 있다는 점, 증권사에 내야 하는 거래 수수료가 상대적으로 높다는 점 등은 한국 투자자들이 미국 주식 투자를 시작하려고 할 때 망설여지게 만드는 또 다른 어려움이라고 생각한다. 그럼에도 불구하고 필자는 2가지 이유를 들어 독자 여러분에게 미국 주식 투자의 매력을 어필해보고자 한다.

지난 10년, 20년간 한국 주식 시장과 미국 주식 시장이 보여줬던 상이하게 다른 주가의 변동 모습이 그 첫 번째 이유다. 다음 페이지의 '한국 코스피 지수 변동 상황'에서 우리는 과거 10년간 한국 코스피 지수가 박스권을 형성한 채 장기 투자자들에게 이렇다 할 수익을 안겨주지 못했던 우울한 모습을 한눈에 확인할 수 있다.

[한국 코스피 지수 변동 상황]

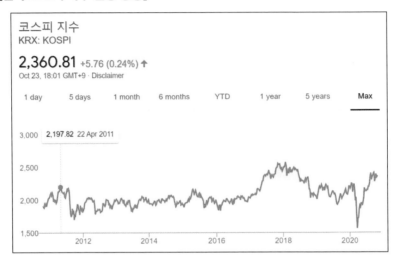

• 출처: google.com

이렇듯 오랜 시간 동안 박스권에서 벗어나지 못한 주가의 흐름은 또 다른 문제점을 야기시켰는데 바로 단기 트레이딩과 공매도의 활성화다. 더 이상 우상향하지 않는 시장 상황에서 수익을 창출하기 위해 어떻게 보면 필연적으로 한국 주식 시장의 트렌드가 되어버린 단기 트레이딩과 공매도 매매는 결과적으로는 장기 투자자들의 동기 저하를 초래했다. 그 바람에 일부 투자자는 장기 투자에서 단기 투자로의 전환을 시도하게 됐고 더 나아가서는 많은 투자자가 한국 주식 시장을 이탈하는 악순환을 만들고 있다.

반면 다음의 '미국 S&P500 지수 변동 상황'을 보면, 너무나 확연하게 다른 주가의 모습을 확인할 수 있다. 지난 5년, 10년, 20년 동안 미국 주식 시장은 2000년대 초반 닷컴 버블 붕괴 때를 제외하면 꾸준히 우상향하는 모습을 보여 왔으며 별다른 투자 전략 없이 시장 지수에 투자한 투자자들도 연평균 15% 이상의 투자수익을 얻을 수 있었다.

[미국 S&P500 지수 변동 상황]

• 출처: google.com

심지어 나스닥100으로 구성된 QQQ에 지난 10년간 투자한 투자자들의 경우 연평균 20% 이상의 총수익을 얻을 수 있었다(다음 페이지의 '미국 나스닥100 지수 변동 상황' 참고).

물론 과거 5년, 10년간 시장의 흐름이 좋았다고 해서 향후 5년, 10년 동안에도 같은 모습을 보일 것이라고 단정 지을 수는 없다. 하지만 주식 투자는 근본적으로 불확실성이라는 일정 부분의 리스크를 인정하면서 다양한 전략을 통해 그 불확실성을 줄여나가는 과정이기 때문에 조금이라도 확률이 높은 쪽에 베팅하는 것이 어떻게 보면 매우 타당한 결정이라고 할

[미국 나스닥100 지수 변동 상황]

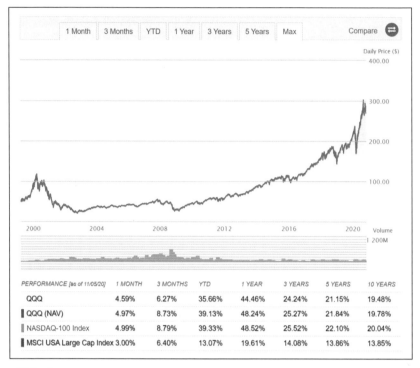

PERFORMANCE [as of 11/05/20]	1 MONTH	3 MONTHS	YTD	1 YEAR	3 YEARS	5 YEARS	10 YEARS
QQQ	4.59%	6.27%	35.66%	44.46%	24.24%	21.15%	19.48%
QQQ (NAV)	4.97%	8.73%	39.13%	48.24%	25.27%	21.84%	19.78%
NASDAQ-100 Index	4.99%	8.79%	39.33%	48.52%	25.52%	22.10%	20.04%
MSCI USA Large Cap Index	3.00%	6.40%	13.07%	19.61%	14.08%	13.86%	13.85%

• 출처: etf.com

수 있다. 항상 기억하자! 주식은 확률의 게임이다.

확률적인 관점에서 보면, 미국의 주식 시장이 앞으로도 과거의 모습처럼 우상향을 할 것이라는 기대는 미국 연방준비제도(Federal Reserve System, 이하 '미국 연준')에서 시행하고 있는 저금리정책에서 상당 부분 합리적인 힘을 받는다.

다음의 '미국 연준 기준 금리 변동'에서 확인할 수 있는 것처럼 미국 연준은 2010년대에 들어서면서 7~8년 가까이 사실상 기준금리를 제로금리로 유지하고 있었다. 같은 기간 미국의 주식 시장이 큰 폭으로 우상향하

[미국 연준 기준 금리 변동]

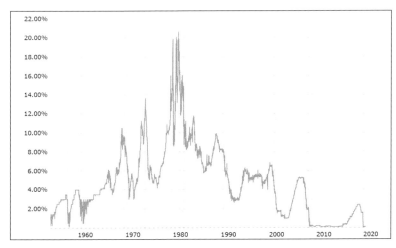

• 출처: macrotrends.net

는 모습을 보였던 것은 사실상 우연이 아닌 것이다.

2018년, 2019년에 이르러 기준금리가 2%를 넘어가면서 금리정책의 변화가 시작되는 조짐을 보였다. 하지만 올해(2020년) 코로나바이러스감염증-19(이하 '코로나19') 대유행이 발생하자 미국 연준은 2020년 3월부터 금리를 '제로' 수준인 0.00~0.25%로 내린 이후 지금까지 동결 기조를 유지해왔다.

이러한 초저금리의 추세는 앞으로도 장기간 지속될 가능성이 높다. 미국 연준의 제롬 파월(Jerome Powell) 의장은 2020년 8월 27일 캔사스시티에서 개최된 잭슨홀 미팅에서 매우 의미 있는 선언을 했다. '평균물가목표제(Average Inflation Targeting)'를 도입하겠다고 밝힌 것이다. 이는 고용과 실물 경제의 안정을 도모하기 위해 지난 몇 년간 인플레이션이 아주 낮았다면 향후 인플레이션이 연간 관리 목표치인 2%를 웃도는 경우가 발생해도 금리를 올리지 않겠다는 내용이다.

'평균물가목표제'는 주식 투자자에게는 시사하는 바가 매우 큰 변화다. 제롬 파월 의장의 발언은 향후 급격한 물가 상승이 일어날 때까지 3~5년 이상 미국 연준이 통화량을 계속 늘려나가는 양적완화를 시행할 것이라고 해석될 수 있다. 결과적으로 그 기간 동안 미국 주식 시장의 주가는 계속 올라갈 가능성이 높아진다는 것이다. 앞에서 언급했던 확률적인 관점에서 보면 이러한 미국 연준의 기준금리정책은 우리의 미국 주식 투자 성공 확률에 긍정적인 영향을 미칠 것이 자명하다.

마지막으로 우리가 미국 주식 시장에 투자해야 하는 좀 더 중요하고 확실한 이유는 바로 '4차 산업혁명'이다.

지금까지 인류가 겪어왔던 산업혁명은 총 3회에 걸쳐 진행됐다. 18세기에 발명된 '증기기관'으로 대표되는 1차 산업혁명, 전기를 이용한 생산라인의 혁신으로 '대량 생산'이 가능해지면서 신제국주의의 출현으로까지 이어졌던 2차 산업혁명, 마지막으로 3차 산업혁명에서는 컴퓨터와 정보화 기술이 발전하면서 '자동화'라는 개념이 나타났다.

이렇게 '증기기관', '대량 생산', 그리고 '자동화'라는 키워드가 확실하게 나타나는 1·2·3차 산업혁명에 비해 4차 산업혁명은 아직까지도 그 대표성을 갖는 키워드가 정립되지 못한 것 같다. '인공지능', '융합', '연결', '혁신' 등 많은 단어가 4차 산업혁명의 정체성을 묘사해주는 단어들로 떠오르고 있지만 아직까지도 정확한 4차 산업혁명에 대한 개념 정리가 어려운 이유는 매우 자명하다. 왜냐하면 4차 산업혁명은 아직 시작도 하지 않았기 때문이다. 다시 말해, 1·2·3차 산업혁명은 인류가 급격하게 발전한 모습을 보인 이후에 이미 일어났던 일들을 정리해주는 일종의 역사적 분석이라고 생각해볼 수 있는 반면, 4차 산업혁명은 아직 우리의 삶에서 보편화되지 않은 혁신적인 미래의 모습들을 미리 예상하면서 만들어진 개념인 것이다.

이러한 차이점은 투자자의 관점에서 바라보면, 엄청나게 커다란 의미가 있다. 1·2·3차 산업혁명의 경우, 그 혁신적인 발전이 마무리되고 나서야 회자되기 시작했기 때문에 산업혁명에 직접 참여한 일부 사람을 제외한 일반인들은 산업혁명이 일어나는 동안 투자의 기회를 잡을 수 없었다. 하지만 4차 산업혁명은 다르다. 아직 제대로 시작되지도 않은 4차 산업혁명이지만 우리는 향후 가까운 미래에 어떠한 변화와 혁신이 일어날 것인지 어렴풋이 짐작할 수 있으며 이러한 변화과정에서 주도적인 역할을 하게 될 국가들, 산업분야, 그리고 기업들을 어느 정도는 유추해볼 수 있다.

우리는 '4차 산업혁명'이라고 하면 쉽게 여러 단어를 떠올린다. 증강현실(Augmented Reality), 인공지능(Artificial Intelligence), 클라우드(Cloud), 사물인터넷(IoT), 자율주행(Autonomous Driving), 빅데이터(Big Data) 등 참 많다. 그렇다. 우리는 가까운 미래에 어떠한 일들이 일어날지에 대해 이미 주지하고 있으며 아울러 4차 산업혁명의 혁신들을 누가 주도할지도 예상할 수 있는 유리한 위치에 서 있는 것이다. 애플(AAPL), 아마존(AMZN), 페이스북(FB), 구글(GOOG), 마이크로소프트(MSFT)와 같은 미국의 메가테크 기업들이 4차 산업혁명의 선두주자로 뛰게 될 것이라는 예상은 더 이상 테크놀로지분야의 전문가들만이 독식하고 있는 고급 정보가 아니다. 독자 여러분은 무엇을 망설이고 있는가?

☰3☰
15년 내
33억 만들어서 은퇴하기

　필자의 나이 만 47세, 어느덧 은퇴라는 단어가 현실로 다가오는 시기에 접어들었다. 나름대로 재미있고 멋들어진 인생을 살아왔다고 자부하기에 나이가 드는 것에 대한 거부감은 없다. 다만 하나 안타까운 것은 '은퇴'라는 단어가 내게 안겨주는 느낌인 것 같다. 언제부터인가 은퇴를 생각하면 홀가분함이라든가 자유, 해방 등의 긍정적인 단어들보다는 막연한 두려움과 걱정스런 느낌이 내 마음속을 찾아든다. 이렇듯 은퇴라는 단어가 부정적인 느낌으로 다가온다면 이는 아마도 은퇴 준비가 제대로 되어 있지 않다는, 내가 내 자신에게 던져주는 경고의 메시지가 아닐까?

　이러한 경고의 메시지를 꾸준히 받아왔음에도 불구하고 그동안은 직장생활, 그리고 가장으로서의 역할에 최선을 다한다는 핑계로 은퇴 후 제2의 인생을 위한 준비는 등한시한 것이 사실이다. 매일매일 만족할 만한 삶을 살고 있었고 건강하게 자라나는 아이들과 많은 시간을 보내면서 영원할 것만 같은 행복감에 빠져 하루하루 늙어가는(?) 줄도 몰랐다.

그러던 중 전혀 상상도 하지 못했던 의외의 상황이 필자 인생의 모든 것을 순식간에 바꿔놓았다. 코로나19가 터진 것이다.

필자는 인도네시아의 보고르에서 노보텔과 이비스스타일, 2곳의 호텔을 경영하는 총지배인이다. 코로나19의 영향으로 필자가 경영하고 있던 호텔은 장기간 운영을 중지하게 되었으며 이 과정에서 호텔 직원들과 필자의 급여를 삭감하는 고통을 감내해야 했다. 특히 필자는 직원들보다 좀 더 많은 고통을 분담한다는 취지에서 월급의 80%를 줄여야 했다. '미국 주식으로 은퇴하기' 유튜브 채널은 이렇게 특수한 상황에서 모처럼 주어진 자유시간을 최대한 생산적으로 사용하자는 취지, 그리고 금전적인 어려움도 함께 해결해보자는 목적을 갖고 시작했다.

필자는 한 가지 일을 추진할 때 가장 먼저 구체적인 목표와 체계적인 계획을 수립하고 나서야 시작하는 스타일이다. 주식 투자 역시 이왕 본격적으로 시작한 이상, 막연히 '많은 수익을 내겠다'와 같은 뜬구름 잡는 식이 아니라 달성 가능한 최대의 목표치, 그리고 그 목표를 실현하기 위한 구체적인 계획을 세웠다. 이렇게 해서 탄생한 것이 '미국 주식으로 15년 내 33억 만들어서 은퇴하기' 프로젝트다.

≡4≡
내 나이와 소득에 맞는
은퇴계획 만들기

은퇴자금에 대한 구체적인 계획을 만들기 전에 필자는 먼저 풍요로운 은퇴생활을 위해 필요한 최소 자금의 규모를 계산해봤다.

은퇴 후에 필요한 자금의 경우, 생활비와 의료비 등의 비상금, 그리고 아직 나이가 어린 우리 애들을 위한 여유자금까지 포함하여 현재 급여 수준에서 최소 50%는 확보가 되어야 한다고 생각했다. 현재 연간소득이 세금 공제 후 1억 원 정도이니 은퇴 후에도 연간 5,000만 원은 확보가 되어야 한다는 계산이 나온다.

그다음으로 은퇴 후 몇 년간 삶을 영위할 수 있을까(살아 있을까)를 생각해봤는데 향후 의료기술의 발전을 감안해서 50년으로 설정했다. 필자는 몰라도, 필자보다 다섯 살 연하인 와이프는 달성(?) 가능한 목표가 아닐까 기대해본다.

결과적으로 은퇴자금의 최소 규모는 25억 원(5,000만 원×50년)이 나오는데, 해마다 발생하는 인플레이션과 보유한 주식을 매도할 때 발생하는 양도세를 감안하지 않은 금액이므로 25억 원보다는 높은 금액이어야 한다고 생각했다. 물론 이렇게 목돈이 형성되고 나면 복리의 효과로 인해 은퇴자금이 계속 늘어날 수 있다. 하지만 장차 어떤 악재들이 기다리고 있을지 알 수 없기 때문에 일단은 가능한 한 높은 금액으로 은퇴자금 목표를 설정했다. 그런 다음, 주식 투자로 달성해야 할 연간 목표금액, 그리고 그 연간 목표금액을 달성하기 위한 주식 투자 수익률과 추가 투자금액 등 다양한 숫자를 대입해보며 결과의 변화를 비교해봤다.

이러한 시뮬레이션과정을 통해 도출해낸 최종 결과가 '40대를 위한 주식 투자 은퇴계획'에 정리되어 있는 내용이다.

[40대를 위한 주식 투자 은퇴계획]

YEAR	Opening Balance	수익률	Opening Balance + 수익	추가 투자금	추가 투자금 수익률	추가 투자금 + 수익	Closing Balance
2020	51.000.000	10%	56.100.000	18.000.000	5%	18.900.000	75.000.000
2021	75.000.000	20%	90.000.000	36.000.000	10%	39.600.000	129.600.000
2022	129.600.000	20%	155.520.000	36.000.000	10%	39.600.000	195.120.000
2023	195.120.000	20%	234.144.000	36.000.000	10%	39.600.000	273.744.000
2024	273.744.000	20%	328.492.800	36.000.000	10%	39.600.000	368.092.800
2025	368.092.800	20%	441.711.360	36.000.000	10%	39.600.000	481.311.360
2026	481.311.360	20%	577.573.632	36.000.000	10%	39.600.000	617.173.632
2027	617.173.632	20%	740.608.358	36.000.000	10%	39.600.000	780.208.358
2028	780.208.358	20%	936.250.030	36.000.000	10%	39.600.000	975.850.030
2029	975.850.030	20%	1.171.020.036	36.000.000	10%	39.600.000	1.210.620.036
2030	1.210.620.036	20%	1.452.744.043	36.000.000	10%	39.600.000	1.492.344.043
2031	1.492.344.043	20%	1.790.812.852	36.000.000	10%	39.600.000	1.830.412.852
2032	1.830.412.852	20%	2.196.495.422	36.000.000	10%	39.600.000	2.236.095.422
2033	2.236.095.422	20%	2.683.314.507	36.000.000	10%	39.600.000	2.722.914.507
2034	2.722.914.507	20%	3.267.497.408	36.000.000	10%	39.600.000	3.307.097.408

• 출처: 유튜브 '미국 주식으로 은퇴하기'

필자의 경우, 초기 투자금은 5,100만 원 정도, 그리고 매달 월급계좌에서 주식계좌로 자동이체를 통해 월 300만 원을 추가로 투자하는 계획을 세웠다(2020년에는 유튜브를 시작한 6월 이후부터 투자한 관계로, 2020년의 추가 투자금은 6개월 기준이다. 이후 나오는 30대와 20대를 위한 주식 투자 은퇴계획에도 이 2020년의 경우를 적용했다. 이와 관련해 본문에 나오는 '전반기 10년'은 '전반기 9년 반'이 맞지만 표현 편의상 '전반기 10년'이라고 하겠다). 투자 수익률의 경우 연간 수익률 20%, 추가 투자금은 10%로 다소 야심찬 목표를 설정했다. 이렇게 짜인 시나리오대로 15년 동안 미국 주식 투자를 성공적으로 진행하면 달성 가능한 금액은 약 33억 원이 나온다.

같은 방식으로 30대, 20대 독자 여러분을 위한 미국 주식 투자 은퇴계획을 만들어봤다. 다음의 '30대를 위한 주식 투자 은퇴계획'은 30대 투자자를 기준으로 작성했으며 초기 투자금은 40대보다 적은 3,500만 원, 추가 투자금은 전반기 10년간은 월 200만 원, 후반기 10년간은 월 300만 원으로 조정했다. 투자 수익률의 경우 40대와 마찬가지로 연간 수익률 20%, 추가 투자금은 10%로 변화는 없다. '30대를 위한 주식 투자 은퇴계획'의 계획대로 성공적인 투자를 20년간 진행하면 현재 30대 투자자가 달

[30대를 위한 주식 투자 은퇴계획]

YEAR	Opening Balance	수익률	Opening Balance + 수익	추가 투자금	추가 투자금 수익률	추가 투자금 + 수익	Closing Balance
2020	35.000.000	10%	38.500.000	12.000.000	5%	12.600.000	51.100.000
2021	51.100.000	20%	61.320.000	24.000.000	10%	26.400.000	87.720.000
2022	87.720.000	20%	105.264.000	24.000.000	10%	26.400.000	131.664.000
2023	131.664.000	20%	157.996.800	24.000.000	10%	26.400.000	184.396.800
2024	184.396.800	20%	221.276.160	24.000.000	10%	26.400.000	247.676.160
2025	247.676.160	20%	297.211.392	24.000.000	10%	26.400.000	323.611.392
2026	323.611.392	20%	388.333.670	24.000.000	10%	26.400.000	414.733.670
2027	414.733.670	20%	497.680.404	24.000.000	10%	26.400.000	524.080.404
2028	524.080.404	20%	628.896.485	24.000.000	10%	26.400.000	655.296.485
2029	655.296.485	20%	786.355.782	24.000.000	10%	26.400.000	812.755.782
2030	812.755.782	20%	975.306.939	36.000.000	10%	39.600.000	1.014.906.939
2031	1.014.906.939	20%	1.217.888.327	36.000.000	10%	39.600.000	1.257.488.327
2032	1.257.488.327	20%	1.508.985.992	36.000.000	10%	39.600.000	1.548.585.992
2033	1.548.585.992	20%	1.858.303.190	36.000.000	10%	39.600.000	1.897.903.190
2034	1.897.903.190	20%	2.277.483.829	36.000.000	10%	39.600.000	2.317.083.829
2035	2.317.083.829	20%	2.780.500.594	36.000.000	10%	39.600.000	2.820.100.594
2036	2.820.100.594	20%	3.384.120.713	36.000.000	10%	39.600.000	3.423.720.713
2037	3.423.720.713	20%	4.108.464.856	36.000.000	10%	39.600.000	4.148.064.856
2038	4.148.064.856	20%	4.977.677.827	36.000.000	10%	39.600.000	5.017.277.827
2039	5.017.277.827	20%	6.020.733.392	36.000.000	10%	39.600.000	6.060.333.392

• 출처: 유튜브 '미국 주식으로 은퇴하기'

성 가능한 목표금액은 무려 60억 원에 이른다.

현재 20대, 사회초년생 투자자를 위한 다음의 '20대를 위한 주식 투자 은퇴계획'은, 체계적으로 장기 투자를 하면 25년 후에는 76억 원이라는 엄청난 금액을 조성하는 거창한 그림을 보여주고 있다. 초기 투자금도 1,000만 원밖에 되지 않고 전반기 10년간 추가 투자금도 월 100만 원밖에 되지 않지만 장기적으로 꾸준히 투자하다 보면 엄청난 부를 만들어낼 수 있음을 이번 시뮬레이션을 통해 확인할 수 있다.

[20대를 위한 주식 투자 은퇴계획]

YEAR	Opening Balance	수익률	Opening Balance + 수익	추가 투자금	추가 투자금 수익률	추가 투자금 + 수익	Closing Balance
2020	10.000.000	10%	11.000.000	6.000.000	5%	6.300.000	17.300.000
2021	17.300.000	20%	20.760.000	12.000.000	10%	13.200.000	33.960.000
2022	33.960.000	20%	40.752.000	12.000.000	10%	13.200.000	53.952.000
2023	53.952.000	20%	64.742.400	12.000.000	10%	13.200.000	77.942.400
2024	77.942.400	20%	93.530.880	12.000.000	10%	13.200.000	106.730.880
2025	106.730.880	20%	128.077.056	12.000.000	10%	13.200.000	141.277.056
2026	141.277.056	20%	169.532.467	12.000.000	10%	13.200.000	182.732.467
2027	182.732.467	20%	219.278.961	12.000.000	10%	13.200.000	232.478.961
2028	232.478.961	20%	278.974.753	12.000.000	10%	13.200.000	292.174.753
2029	292.174.753	20%	350.609.703	12.000.000	10%	13.200.000	363.809.703
2030	363.809.703	20%	436.571.644	24.000.000	10%	26.400.000	462.971.644
2031	462.971.644	20%	555.565.973	24.000.000	10%	26.400.000	581.965.973
2032	581.965.973	20%	698.359.167	24.000.000	10%	26.400.000	724.759.167
2033	724.759.167	20%	869.711.001	24.000.000	10%	26.400.000	896.111.001
2034	896.111.001	20%	1.075.333.201	24.000.000	10%	26.400.000	1.101.733.201
2035	1.101.733.201	20%	1.322.079.841	24.000.000	10%	26.400.000	1.348.479.841
2036	1.348.479.841	20%	1.618.175.809	24.000.000	10%	26.400.000	1.644.575.809
2037	1.644.575.809	20%	1.973.490.971	24.000.000	10%	26.400.000	1.999.890.971
2038	1.999.890.971	20%	2.399.869.166	24.000.000	10%	26.400.000	2.426.269.166
2039	2.426.269.166	20%	2.911.522.999	24.000.000	10%	26.400.000	2.937.922.999
2040	2.937.922.999	20%	3.525.507.598	36.000.000	10%	39.600.000	3.565.107.598
2041	3.565.107.598	20%	4.278.129.118	36.000.000	10%	39.600.000	4.317.729.118
2042	4.317.729.118	20%	5.181.274.942	36.000.000	10%	39.600.000	5.220.874.942
2043	5.220.874.942	20%	6.265.049.930	36.000.000	10%	39.600.000	6.304.649.930
2044	6.304.649.930	20%	7.565.579.916	36.000.000	10%	39.600.000	7.605.179.916

• 출처: 유튜브 '미국 주식으로 은퇴하기'

물론 지금까지 제시한 연령별 시뮬레이션은 개인마다 초기 투자금, 소득 수준, 그리고 매월 정해져 있는 지출항목들이 다르기 때문에 목표 설정의 금액에서 현저한 차이를 보일 수 있다. 다만 제시한 시뮬레이션을 참고하면서 독자 여러분 역시 개인적인 상황을 고려한 나만의 은퇴계획의 금액을 스스로 설정해보는 기회를 가졌으면 한다.

　같은 내용의 유튜브 영상을 보고 '은퇴계획이 너무 거창하다'라는 회의적인 반응을 보이는 구독자를 간혹 본다. 그래서 이번에는 이러한 목표 수치가 숫자로만 끝나는 것이 아니라 현실화될 수 있도록 구체적인 달성전략의 큰 그림을 제시해보도록 하겠다.

≡5≡
33억,
과연 달성 가능한 목표인가?

과연 필자는 앞으로 15년 후에 목표로 했던 33억 원을 달성해서 은퇴할수 있을까? '미국 주식으로 은퇴하기' 유튜브 채널을 구독하고 꾸준히 지켜보면 15년 후에 결과를 직접 확인할 수 있을 것이다.

사실 이 질문에 대한 정답은 아직 정해지지 않았다. 우리가 인생에서 마주하게 되는 많은 목표에 대한 결과들은 엄밀히 말하면 예측되는 것이 아니라 만들어지는 것이다. 꼰대 같은 말일 수 있지만 여기서 필자는 단순히 긍정적인 자기 암시로 좋은 결과를 만들어내자는 따분한 교과서적인 이야기를 하고자 하는 것이 아니다.

우리는 보통 하나의 결과물이 만들어진 이후에 그 결과물이 도출된 이유를 찾으려고 분석을 진행한다. 그 분석을 통해 그러한 결과들이 만들어질 수밖에 없었던 원인들을 발견한다. 그런데 이렇게 결과가 확정된 이후에 우리가 소위 '원인'이라고 지칭하는 것들에 대해 잘 생각해보면 결과가 나오기 전까지는 우리의 의도대로 얼마든지 바꿀 수 있는 '계획'이라는 단어로 바꿔 부를 수 있다. 따지고 보면 '결과'가 나오고 나서 분석을 통해 '원인'이 만들어진 것이 아니라 '원인'이라는 요소들이 쌓여 만들어진 것이 '결과'이므로 이러한 원인요소들을 우리의 의지에 맞춰 바꿔나갈 수 있다면 최종 결과물은 우리의 노력 여하에 따라 충분히 우리가 원하는 방향으로 바꿔나갈 수 있음을 깨닫게 된다.

필자는 이러한 이론을 현실에 적용해 20년 넘게 직장생활을 하면서 마주했던 수많은 실적 목표, 그리고 같은 기간 설정했던 개인적인 목표들을 대부분 달성해왔다.

"Success is a Habit(성공은 버릇이다)."

필자가 호텔을 경영하는 리더로서 팀원들을 이끌어 가면서 입버릇처럼 강조해왔던 성공의 방정식이다.

이 책은 자기계발 서적이 아니므로 선생님 같은 이야기는 이쯤에서 접고 이번에는 앞으로 필자는 어떠한 청사진을 갖고 15년 동안 33억 원이라는 목표를 이루어낼지 공유해보겠다.

필자가 33억 원이라는 목표금액을 15년 후에 만들기 위해서는 2가지의 세부목표를 달성해야 한다. 첫 번째, 매월 최소 300만 원씩 추가로 투자금액을 늘려나가야 한다. 두 번째, 투자기간 동안 연평균 약 20%의 투자 수익률을 유지할 수 있어야 한다.

첫 번째, 추가 투자금의 경우 향후 15년 동안 매월 300만 원을 추가로 투자하겠다는 계획인데, 매월 벌어들이는 수입이 300만 원 줄었다는 생각으로 추가 투자금을 우선 확보한다는 것이 가장 중요한 핵심이다. 아무래도 가장 쉬운 방법은 매월 급여일이 되면 300만 원씩 자동이체를 통해 주식계좌나 투자를 위해 만든 예금계좌로 송금해 별도로 관리하는 것이다. 누군가에게는 주식계좌로 바로 송금하면 주체할 수 없는 매수 욕구로 인해 현금 보유량이 급격히 줄어들 가능성이 높으므로 별도의 예금계좌가 좀 더 안전한 선택이 될 수 있다.

이렇게 정해진 월수입에서 300만 원이 우선적으로 빠지면 이제는 남아 있는 금액으로 '삶의 퀄리티(Quality)를 어떻게 유지할 것인가?'라는 매우 중요한 질문에 직면하게 된다. 이 문제 역시 해결방법은 간단하다. 자신만의 지출내역을 리스트로 작성한 후, 우선순위가 높은 항목, 즉 반드시 지출이 필요한 항목부터 확보하면서 불필요한 소비내역을 찾아내어 포기(?)하는 방식을 권한다. 물론 개인마다 처해 있는 상황이나 라이프 스타일이 다르기 때문에 주요 지출항목들, 그리고 각 항목에 소요되는 금액들은 현저한 차이가 있을 수 있다.

필자의 경우, 은퇴하신 지 20년이 훌쩍 넘은 부모님과 처가 부모님의 생활비를 일부분 책임지고 있고 아직 초등학교 저학년에 재학 중인 자녀들을 장기간 지원해야 하는 상황에 있으므로 생각보다 만만한 문제가 아니었다. 결과적으로 포기해야 하는 지출항목이 좀 많았지만 그래도 다음 페이지의 '월 300만 원 추가 투자금 확보전략'에서 확인할 수 있는 것처럼 삶의 만족도를 유지하는 데 필수 요소가 아닌 지출 대부분을 줄였다.

가장 먼저, 휴가나 여가생활에 사용되는 비용을 최소한의 수준으로 삭감했는데 개인적으로 가장 큰 취미이자 삶의 낙이었던 맛집 탐방이라든지 주말 호텔 숙박과 같은 고비용의 소비활동은 조깅이나 수영, 유튜브를 통한 온라인 학습 등으로 전환했다. 비용은 현저하게 떨어졌지만 성취감이나 만족감은 배가 될 수 있는 쪽으로 취미생활을 바꿔 나간 것이다. 그 외

[월 300만 원 추가 투자금 확보전략]

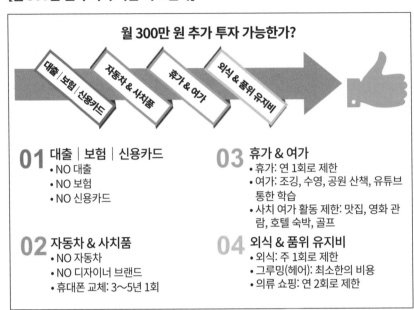

월 300만 원 추가 투자 가능한가?

대출 | 보험 | 신용카드 → 자동차 & 사치품 → 휴가 & 여가 → 외식 & 품위 유지비

01 대출 | 보험 | 신용카드
- NO 대출
- NO 보험
- NO 신용카드

02 자동차 & 사치품
- NO 자동차
- NO 디자이너 브랜드
- 휴대폰 교체: 3~5년 1회

03 휴가 & 여가
- 휴가: 연 1회로 제한
- 여가: 조깅, 수영, 공원 산책, 유튜브 통한 학습
- 사치 여가 활동 제한: 맛집, 영화 관람, 호텔 숙박, 골프

04 외식 & 품위 유지비
- 외식: 주 1회로 제한
- 그루밍(헤어): 최소한의 비용
- 의류 쇼핑: 연 2회로 제한

• 출처: 유튜브 '미국 주식으로 은퇴하기'

에 개인적인 지출이 많았던 부분이 소위 '품위 유지비'였는데 코로나19의 도움으로(?) 별다른 노력이나 고통의 과정 없이 관련 지출을 90% 이상 줄일 수 있었다.

이렇게 이코노미 모드로 삶의 방식을 전환한 지 어느덧 6개월이 넘어가고 있는데 이제는 예전에 왜 그렇게 낭비를 하면서 살아왔는지 이해하기 힘들 정도다. '새옹지마(塞翁之馬)'라고 갑자기 찾아온 바이러스는 이렇듯 필자 삶의 방식까지 자연스럽게 바꾸는 커다란 계기가 됐다.

두 번째, 세부목표인 연 투자수익 20%를 달성하기 위해서 다음의 '연수익 20% 달성전략'에서 확인할 수 있는 것처럼 총 6가지의 세부전략을 갖고 미국 주식 투자를 진행하고 있다. 이 중에서 가장 핵심적인 부분은 전

[연수익 20% 달성전략]

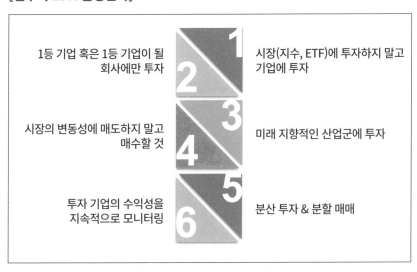

1 1등 기업 혹은 1등 기업이 될 회사에만 투자	**2** 시장(지수, ETF)에 투자하지 말고 기업에 투자
3 시장의 변동성에 매도하지 말고 매수할 것	**4** 미래 지향적인 산업군에 투자
5 투자 기업의 수익성을 지속적으로 모니터링	**6** 분산 투자 & 분할 매매

• 출처: 유튜브 '미국 주식으로 은퇴하기'

략 1, 전략 2, 그리고 전략 3, 이렇게 3가지다.

전략 1인 '시장(지수, ETF)에 투자하지 말고 기업에 투자'는 2가지의 중요한 이유를 바탕에 깔고 만들어진 전략이다. 앞에서 언급한 것처럼 과거 10년간 나스닥100으로 구성된 QQQ에 투자한 투자자들은 연평균 21%의 총수익을 창출할 수 있었다(배당금 재투자 포함). 이 수익만 보면 나스닥 100 지수에 투자하면 되겠다고 생각할 수 있다. 하지만 필자의 생각은 조금 다르다.

먼저 우리가 투자를 진행하는 향후 5년, 10년, 15년 동안 과거 시장의 추세가 앞으로도 이어지리라는 보장이 없다. 그리고 지수에 투자하는 방식은 필자와 맞지 않았다. 지수에 투자하면 소중한 투자금을 나의 노력 여하가 아닌, 시장의 변동이라는 외부적 변수에 일임한다는 의미인데 필자의 개인적인 투자성향은 좀 더 적극적으로 투자 대상을 직접 선정하고 그 선정에 대한 책임을 스스로 떠맡는 것을 선호하는 편이다.

필자가 시장에 투자하지 않고 개별 종목에 투자하는 또 다른 이유는 일명 '파레토법칙' 때문이다. 파레토법칙은 '전체 결과의 80%가 전체 원인의 20%에서 일어나는 현상'을 말한다. 이를 주식 투자에 적용해보면, 한 가지 지수를 구성하고 있는 종목들의 상위 20%가 만든 수익이 해당 지수의 전체 수익 중 80%를 차지한다는 것이라고 할 수 있다. 각 섹터별로 가장 잘 나가는 1~2등 기업들만 추슬러 투자할 수도 있는데, 굳이 나스닥 지수를 이루는 기업들 중에서 1등부터 100등 종목에 고루고루 투자할 이유가 있을까? 결론적으로 우리가 시장(지수, ETF)에 투자하는 대신, 조금만 시간과 노력을 기울여 향후 지속적인 성장과 발전이 기대되는 상위 10~20%의 종목들을 선별해낼 수 있다면 우리의 투자수익은 시장의 평균 수익률에 비해 현저히 높은 성과를 기대할 수 있게 된다. 그것이 시장이 아닌 기업에 투자한다는 전략을 세운 가장 큰 이유다.

전략 2, 전략 3은 앞에서 잠깐 언급되었던 '4차 산업혁명'과 동일선상에 있는 내용이다. 4차 산업혁명은 이제야 본격적인 시작을 앞두고 있다는 점에서 투자자 입장에서는 20~30년 만에 한 번 올까 말까 한 절호의 기회를 잡은 셈이다.

한 가지 정말 다행스러운 부분이 있다. 4차 산업혁명의 주도적인 역할을 하게 될 기업들 대부분은 연구·개발의 인프라가 효율적으로 갖춰져 있는 미국 쪽에 위치해 있는데 요즘 세상은 거주지에 상관없이 미국 시장의 메가 테크 기업이나 기타 성장 기업에 클릭 하나로 투자가 가능하니 우리는 참 시대를 잘 타고 난 운이 좋은 세대라는 것이다.

따라서 이 시대의 투자자들은 4차 산업혁명이 가속화되는 요즘, 스포트라이트를 받고 있는 산업군에 시선을 고정시키고 그 산업군에서도 향후 최고의 위치를 차지할 가능성이 높은 최고의 기업들만을 가려내 투자를 집중할 필요가 있다.

테슬라(TSLA)에 대한 남다른 비전으로 일약 스타 펀드매니저로 부상한 아크인베스트(ARK Invest)의 캐시우드(Kathie Wood)는 최근에 자체 제작한 방송에서 다음과 같은 전망을 내놓았다.

> S&P500 지수를 형성하는 500여 개의 우량 기업들 중 35%는 앞으로 급변하는 비즈니스 환경에 적응하지 못하고 도태될 가능성이 높다.

심지어는 뛰어난 테크 기업들만 모아놓은 나스닥100 지수에 속한 기업들 중에서도 17% 정도는 4차 산업혁명의 소용돌이에서 혁신을 주도하는 다른 기업들에 의해 붕괴할 가능성이 있다고 언급했다.

따라서 우리는 이러한 기업 환경의 변화를 이해하고, 앞으로 이러한 혁신의 바람에 의해 어려움을 겪게 될 기업들, 그리고 혁신의 물결을 주도할 주옥같은 기업들을 가려내어 성공적인 투자를 위한 방향을 설정해야 한다.

★ ★ ★ ★ ★

2장

★ ★ ★ ★ ★

나는 투자자인가?
투기꾼인가?

이제는 40대 후반을 바라보는 나이가 되어 많이 자제하게 됐지만 필자는 소싯적 술 꽤나 마시던 소위 '한량'이었다. 특히 대학시절 왕십리 뒷골목을 휘젓고 다니며 과 동기들과 고등학교 동창들, 동아리의 선후배들과 같이 술 상대를 바꿔가면서 매일 밤 만들어지던 술자리는 웬만하면 새벽 1~2시 전에 끝나는 법이 없었다. 그렇게 매일 밤 세상의 마지막 날이 온 것처럼 술에 절어(?) 살았는데도 추억으로 남을 만한 큰 실수는 하지 않았다. 술에 취해 비틀거릴지언정 기본은 지키면서 음주 가무를 즐겼기 때문이다. 술 앞에서 기본을 지킨 것도 처음 술을 배울 때 술버릇을 잘 들인 덕분이라고 생각한다. 처음 음주라는 놀라운 신세계에 들어선 시기에 어른들 앞에서 술을 배우다 보니 술에 취해도 정신줄은 놓지 않는 좋은 습관을 갖게 됐고, 이후 심하게 술주정을 하는 일은 거의 없었다.

주식 투자도 마찬가지다. 우리가 주식 투자라는 새로운 세계에 발을 들일 때, 첫 단추를 어떻게 끼우느냐가 향후 성공 여부에 지대한 영향을 끼친다고 필자는 믿는다. 안타까운 것은 정말 많은 투자자가 주식을 은행 예금보다 이자율이 높은 하나의 투자수단으로 생각하지 않고 카지노의 슬롯머신보다 확률이 높은 도박 정도로 인식하고 있다는 점이다. 누구누구는 주식으로 몇 달 만에 투자금액을 10배로 늘렸다느니, 1년 전 한 종목에 몰빵했던 1억이 대박 나서 아파트를 한 채 샀다느니, 이러한 일부 투기꾼의 무용담들은 소위 주린이(주식+어린이)의 마음을 설레게 한다. 상대적으로 1년에 10~20% 정도의 수익을 기대하면서 오랜 기다림의 시간이 필요한 소위 '장기 투자'를 재미없고 비효율적인 투자방법으로 치부하는 잘못된 인식은 우리가 성공적인 투자의 결과를 얻어내기 위해서는 반드시 멀리 해야 하는 경계 대상 제1호다.

그래서 2장에서는 우리가 자칫 혼동할 수 있는 주식 트레이딩과 주식 투자 간의 차이점을 확실하게 이해하고 필자가 생각하는 장기 주식 투자의 치명적인 매력과 다양한 혜택을 소개함으로써 독자 여러분의 마음속에 장기 주식 투자에 대한 열정이 자연스럽게 만들어질 수 있는 계기를 마련해봤다. 여러분들 마음속에 싹트기 시작하는 건강한 투자 마인드는 앞으로 성공적인 투자를 이끌어 내는 데 초석과 같은 역할을 할 것이다.

≡1≡
주식!
투자인가? 투기인가?

　주식은 과연 "주식을 하면 패가망신한다"는 우리 부모님들의 잔소리처럼 투기일까? 아니면 투자자의 의지에 따라 안전하고 건전하게 진행될 수 있는 건강한 투자의 방법일까?

　우리가 성공적으로 주식 투자를 하기 위해서는 투자에 필요한 기술이나 지식적인 부분도 필요하겠지만 그에 못지않게 정신적 신념이나 정서적인 안정감이 커다란 부분을 차지한다. 따라서 투기와 투자의 차이점을 정확하게 이해하고 장기적인 비전과 계획을 확고히 하는 과정은 우리가 생각하는 것보다 훨씬 더 중요한 투자 여정의 한 단계다.

　우리의 주식 투자가 투기로 흘러가는 것을 원천봉쇄하기 위해서는 투자하는 동안 따라야 할 확고한 규칙들을 만드는 과정이 필요하다. 이를 위해서는 투기와 투자의 차이점을 먼저 살펴봐야 한다.

[투자와 투기의 차이점]

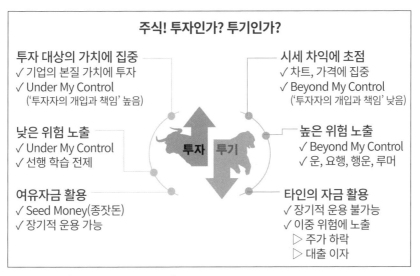

주식! 투자인가? 투기인가?

투자 대상의 가치에 집중
✓ 기업의 본질 가치에 투자
✓ Under My Control
　('투자자의 개입과 책임' 높음)

낮은 위험 노출
✓ Under My Control
✓ 선행 학습 전제

여유자금 활용
✓ Seed Money(종잣돈)
✓ 장기적 운용 가능

시세 차익에 초점
✓ 차트, 가격에 집중
✓ Beyond My Control
　('투자자의 개입과 책임' 낮음)

높은 위험 노출
✓ Beyond My Control
✓ 운, 요행, 행운, 루머

타인의 자금 활용
✓ 장기적 운용 불가능
✓ 이중 위험에 노출
　▷ 주가 하락
　▷ 대출 이자

투자　투기

• 출처: 유튜브 '미국 주식으로 은퇴하기'

'투자와 투기의 차이점'에서 필자가 열거한 차이점들 중 가장 중요한 핵심은 '내가 컨트롤(Control)할 수 있는가?'에 관한 부분이다. 필자가 생각하는 도박과 주식 투자의 가장 커다란 차이점은 나의 노력 여하에 따라 그 결과가 달라질 수 있느냐이다.

카지노의 슬롯머신에서 기대할 수 있는 잭팟의 확률은 나의 영향력이 0.001%도 미치지 않는다. 즉, 100% '운'에 의지하는 행위이기 때문에 그 누구도 카지노에서 밤을 새워 열심히 게임하는 행동을 투자라고 부르지 않는다. 더 열심히 한다고 해서 성공확률이 올라가지 않기 때문이다. 열심히 할수록 집에서 쫓겨날 확률만 올라갈 뿐이다.

하지만 주식 투자는 다르다. 우리가 투자하고자 하는 대상, 즉 기업의 내재 가치(Intrinsic Value)나 비즈니스 모델의 성장성 및 경쟁력을 확실히 분석하고 꾸준히 기업의 실적과 현황을 업데이트한다면 좀 더 투자 가치가 높은 기업들을 충분히 발굴할 수 있으며 이러한 과정을 통해 투자의 결과를 상당 부분 향상시킬 수 있다. 이러한 관점에서 보면 기업의 본질적 가치를 투자 대상으로 삼지 않고 주식 차트나 주가 변동을 상대로 베팅하는 주식 트레이딩은 투자보다는 투기에 가깝다고 생각한다. 요행이나 행운, 루머 등에 여러분의 소중한 자산을 맡겨서는 안 된다.

또 하나 언급하고 싶은 부분이 있다. 주식 투자는 반드시 장기적으로 묻어둘 수 있는 여유자금을 갖고 진행해야 한다는 점이다. 만약 생활비나 학자금, 대출금 등 여유자금이 아닌 돈으로 주식 투자를 하면 일단 5~10년에 걸친 장기 투자는 애초에 불가능해진다. 운이 없어 하락장일 때 진입하면 상승장이 돌아올 때까지 기다릴 수 없기 때문에 많은 손실을 감수하면서 매도해야 하는 심각한 상황에 이를 수도 있다.

문제는 장기적으로 운용 가능한 자금을 조성하기 위해서는 상당 시간 시드머니(Seed Money)를 쌓아가는 인고의 과정이 필요하다는 것인데, 이 기간을 견디지 못해 장기 주식 투자를 시작도 못하는 경우가 많은 것 같아 개인적으로 안타까운 마음이다.

2020년 한국에는 주식 투자 열풍이 찾아왔다. 그래서 많은 사람이 종잣돈이 미처 확보되지 않은 상황에서 주식 투자에 뛰어들고 있는데 결코 바람직하지 않다. 오늘이 아니면 안 된다는 조바심을 버려야 한다. 성공적인 주식 투자의 여정을 만들기 위해서는 여유로운 마음이 필수적인 요소다. 당장 사고 싶은 종목이 있어도 내가 원하는 가격까지 떨어지는 시점을 기다릴 수 있는 사람이 결국 높은 수익률을 만든다는 것이 주식 시장의 습성이다.

지금 투자를 시작하고 싶어도 시드머니가 부족하다면 최대한 절약하면서 목표금액이 달성되는 그 날까지 기다릴 수 있는 인내심과 여유로움이 필요하다. 그 기다림의 시간은 결코 낭비의 시간이 아니다. 그 기간 동안 우리가 공부해야 할 기업이 아주 많기 때문이다.

≡2≡
단기 투자의
달콤한 유혹

미주은 유튜브 채널을 운영하면서 구독자들과 가능한 한 많은 소통을 하기 위해 노력하고 있다. 그러다 보니 하나의 영상에 300개 이상의 댓글과 질문이 달리는 경우가 흔하다. 이렇게 많은 댓글과 질문을 읽다 보면 간혹 투자와 투기 사이에서 갈팡질팡하는 구독자를 만나게 된다. 물론 미주은이라는 채널이 갖고 있는 궁극적인 비전에서 볼 수 있듯이 단기적인 수익보다는 장기간 미국 주식에 투자하면서 은퇴자금을 조성하기 위해 함께 하는 투자자가 대부분이다. 하지만 가끔씩 30~40% 수익을 올린 종목들을 팔고 싶어 전전긍긍하는 투자자들을 어렵지 않게 마주하게 된다. 우리는 왜 단기 투자의 유혹에 쉽게 빠져들게 되는 것일까?

기본적으로 투자 종목의 기업 가치나 비즈니스 모델을 분석하는 다소 지루한 학습과정이 수반되는 장기 투자에 비해 차트 분석 하나만으로도 접근할 수 있는 단기 투자가 훨씬 더 쉽게 느껴지는 것이 하나의 이유라고 할 수 있다. 더욱이 매주, 매달, 심지어 매일 수익을 올리는 짜릿함을 느낄 수 있다는 점에서 단기 투자의 재미적인 요소는 중독성에 가까운 스릴감을 투자자들에게 안겨주는 것이 사실이다. 또한 장기 투자는 일단 투자에 필요한 종잣돈을 모으는 사전단계가 필요한데 이러한 고달픈(?) 과정을 생략할 수 있다는 것 역시 단기 투자에 뛰어드는 투자자들이 생기게 되는 하나의 이유라고 생각한다.

필자는 개인적으로 한국 투자자들이 장기 투자에 익숙하지 않은 이유가 지난 10년간 박스권을 형성해왔던 한국 주식 시장의 저조했던 투자 리턴에 가장 큰 책임이 있다고 생각한다. 주식 투자로 단기간에 20~30% 수익을 올렸을 때 주식을 팔았는데 이후 계속 상승하는 주가를 바라보며 땅을 치며 후회하는 경험을 반복해봐야 자연스럽게 장기 투자를 하는 습관을 터득할 가능성이 높아진다. 그런데 안타깝게도 지난 10년간 한국의 주식 시장에서는 장기 투자로 이윤을 창출하는 것이 거의 불가능에 가까웠다. 이러한 이유로 코스피, 코스닥 투자자들은 기업의 근본 가치나 비즈니스 모델보다는 주가의 단기적인 변동에 의지하게 됐고 기업의 실적 보고서보다는 주가 변동 차트에 더 많은 관심을 갖게 된 것이다.

여기서 문제는 주가의 흐름을 정확하게 예측한다는 것이 불가능에 가까운 신의 영역이라서 한국에서는 이상하리만큼 주식으로 부를 축적했다는 사람을 만나보기 힘들게 된 것이다. 결과적으로 주식 투자는 투자의 리턴이 확실하게 보장되지 않은 투기로 인식됐고 시장의 큰 자금들이 투자 회수의 확률이 더 높은 부동산으로 집중되면서 주식 시장의 장기적 상승은 더욱 요원하게 되는 악순환이 반복되었다고 해석할 수 있다.

≡3≡
장기 주식 투자와
함께 성장하는 나의 미래

처음에 장기 주식 투자를 시작할 때는 그저 단기적 트레이딩에 비해 안정적이고 높은 수익을 기대할 수 있다는 이유가 전부였다. 그런데 장기적인 주식 투자를 지속하면서 주식 투자가 우리 삶에 끼치는 영향이 지대하다는 것을 알게 됐다. 개인적으로 주식 투자가 필자의 삶에 안겨줬던 선물들을 크게 4가지로 정리해봤다.

가장 먼저, 그리고 가장 크게 다가오는 부분은 역시 '돈', 그것도 '돈의 통제'에 관한 내용이다. 장기 주식 투자를 하면 가계의 모든 지출이 주식 투자에 가능한 '기회 가치'로 환산되어 보이는 신기한 경험을 하게 된다. 그렇게 되면서 쓸데없이 낭비했던 지출비용을 주식 투자에 활용하지 못했던 나의 어두운(?) 과거가 너무나도 아쉽게 느껴지게 되고, 이는 자연스럽게 불필요한 소비욕구를 현저하게 저하시키는 효과를 가져왔다.

필자의 경우, 주식 투자를 하기 전까지 월평균 지출비용은 500만 원 정

[장기 주식 투자의 순기능]

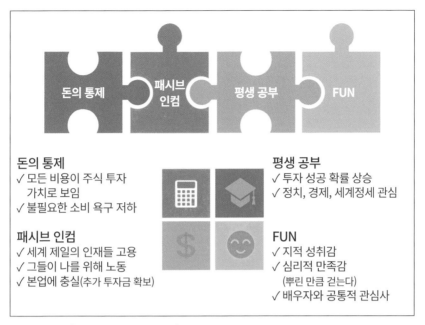

돈의 통제
✓ 모든 비용이 주식 투자
  가치로 보임
✓ 불필요한 소비 욕구 저하

패시브 인컴
✓ 세계 제일의 인재들 고용
✓ 그들이 나를 위해 노동
✓ 본업에 충실(추가 투자금 확보)

평생 공부
✓ 투자 성공 확률 상승
✓ 정치, 경제, 세계정세 관심

FUN
✓ 지적 성취감
✓ 심리적 만족감
  (뿌린 만큼 걷는다)
✓ 배우자와 공통적 관심사

• 출처: 유튜브 '미국 주식으로 은퇴하기'

도였는데 주식 투자를 시작하고 나서는 아이들 학원비를 포함하고도 월 300만 원을 넘어가지 않게 됐다. 이렇게 아껴서 생활하면서도 신기하게도 소비활동이 줄어들어 아쉽다거나 힘들다는 생각보다는 늘어나는 투자 금액에 행복감까지 점점 더 커져만 갔다. 이처럼 주식 투자가 우리의 삶에 건강한 기운을 더해줄 수 있다는 것이 필자의 개인적인 견해다.

두 번째로, 요즘 핫한 패시브 인컴(Passive Income, 내가 일하지 않아도 발생하는 소득)에 관한 내용을 강조하고 싶다. 주식 투자는 흔히 말하는 패시브 인컴의 전형적인 모습이다. 우리가 애플(AAPL), 아마존(AMZN)과 같은 세계 최고의 기업에 투자한다는 것은 그 회사들에서 일하고 있는 최고의 인재들을 고용하는 것과 같은 의미를 갖게 된다. 그 인재들은 우리가 투자한 금액을 최대한 불려주기 위해 최선을 다해 일할 것이다. 따라서 투자자들은 별다른 노력 없이 투자한 기업의 성장에서 수익을 만드는 매우 효율적인 수익구조가 만들어진다. 더욱이 주식 투자에 많은 시간과 노력을 기울일 필요가 없으므로 본업에 충실하면서 추가로 투입될 투자금을 지속적으로 생산해낼 수 있는 선순환의 고리를 형성하게 된다.

어떻게 보면 이 부분 역시 우리가 단기 트레이딩보다는 장기 주식 투자를 선택해야 하는 중요한 이유 중 하나가 될 수 있다. 단기 트레이딩은 기본적으로 최저점에서 매수해서 최고점에서 빠져나가는 매매 타이밍이 투자의 핵심이기 때문에 매일매일 주가 차트를 확인해야 함은 물론, 주식 시장의 변동성이 클 때는 단 한순간도 주가 차트에서 눈을 떼지 못하는 것이 현실이다. 주식 투자 외에 우리의 삶을 구성하는 많은 의미 있는 요소, 예를 들어 가족과의 시간이라든지, 직장생활, 취미활동, 자기계발 등에 사용할 시간을 모두 빼앗기게 되어 장기적으로 삶의 질을 현저하게 떨어뜨리는 악재로 작용할 가능성이 높다.

세 번째로, 장기적인 주식 투자가 필자의 인생에 보내준 선물은 '평생 공부'다. 앞에서 언급한 것처럼 철저히 '운'에 기댈 수밖에 없는 도박이나 투기에 비해 장기 주식 투자는 나의 노력 여하에 따라 얼마든지 투자의 결과를 향상시킬 수 있다는 전제가 성립한다. 즉, 좀 더 많은 정보를 열심히 취합해 분석한 내용을 바탕으로 매번 투자의 결정에 반영한다면 투자에서 성공할 확률은 올라갈 수 있다는 말이다. 이러한 이유로 주식 투자를 진지하게 하면 세계정세라든지 사회, 정치, 경제, 심지어 환경이나 사회 규범적인 분야까지 광범위하게 관심도가 급상승하는 신기한 경험을 할 수 있다.

이렇게 뚜렷한 목표의식을 갖고 형성된 학구열(?)은 엄청난 집중력과 학습능력으로 이어지게 되고 우리는 자신도 모르는 사이에 똑똑해지고 있는 자신의 모습에 감탄하게 된다. 나아가 옆에 있는 남편이나 아내도 하루가 다르게 발전하는 여러분의 박식함에 감동하는 날이 올 것이다. 실제로 '미주은'을 시청하는 많은 구독자가 미주은 채널을 통해 함께 주식 공부를 하면서 아주 오랜만에 맛보는 공부의 재미 때문에 투자의 매력에 더욱 빠져든다고 한다.

이렇듯 주식 투자를 장기적으로 하다 보면 우리 인생은 어느덧 '평생 공부'라는 새로운 재미요소(FUN)로 채워지는데 이 부분이 필자가 주식 투자를 통해 받은 네 번째 선물이다.

사실 우리가 주식 투자를 하는 이유를 따져보면 우리 인생의 많은 구성요소 중 하나인 경제적인 부분을 향상시키고자 하는 의도가 가장 먼저 깔려 있다. 그런데 잘 생각해보면 인생의 전반적인 만족감이나 행복감을 올리기 위해서는 경제적인 부분 외에도 채워져야 할 것이 많이 있다. 부부간이나 자녀와의 관계라든지, 자기 자신을 스스로 평가하면서 생기게 되는 자존감이라든지, 어제보다는 조금이라도 향상된 오늘의 삶에서 느낄 수 있는 성취감이라든지, 이렇게 서로 다른 인생의 단면들이 복합적으로 시너지를 발휘할 때 우리는 비로소 자신의 인생에 좀 더 후한 점수를 주게 되고 하루하루를 행복과 만족의 감정으로 채워 나갈 수 있다. 그러므로 이러한 인생의 다양한 구성요소 중 단 한 부분을 향상시키려고 다른 부분을 희생하거나 등한시하게 된다면 결국 삶의 전반적인 질은 떨어질 수밖에 없음을 주지해야 한다.

필자는 장기 주식 투자를 시작하고 나서 매우 높은 지적 성취감, 그리고 정서적 만족감을 느끼게 됐다. 매일매일 새로운 지식을 습득하는 과정에서 많은 지적 성취감을 맛보게 됐고 주식계좌의 잔액에 상관없이 필자 자신에 대한 자존감도 조금씩 자라나는 것을 느끼고 있다.

이뿐만이 아니다. 부부가 주식 투자를 함께 진행하면 투자에 대해 정말 많은 대화를 나누게 된다. 그러면서 아주 자연스럽게 두 사람이 같은 눈높이에서 인생의 방향과 계획을 함께 설정하게 되며 주식 투자는 물론, 그 외 많은 부분에 대해서도 대화의 기회가 늘어난다. 단편적인 예로, 주식 투자를 시작하면서 우리 부부는 가계의 지출비용을 40% 정도 줄였는데 이러한 인생의 큰 변화는 가족 간의 긴밀한 대화와 합의를 통해서만 만들어 나갈 수 있는 성격의 것들이다. 이제 우리 부부는 시장 상황이나 투자 관심 종목에 대한 정보를 서로에게 공유하기도 하고 앞으로의 투자계획에 대해서도 많은 대화를 나누면서 아직 15년 후에나 찾아올 은퇴생활에 대한 설계를 함께 하고 있다.

이렇듯 투기의 성격이 아닌, 건강한 마인드를 바탕으로 이뤄지는 주식 투자는 경제적인 혜택뿐만 아니라 우리 인생을 전반적으로 성장시켜주는 원동력으로 작용할 수 있다.

자, 이제 장기적인 투자 마인드를 갖고 미국 주식 투자의 세계로 진입할 마음의 준비가 됐는지 모르겠다.

3장부터는 본격적으로 '열공(열심히 공부)' 모드에 들어갈 차례다. 독자 여러분이 본격적으로 미국 주식 투자를 진행하기 위해서 반드시 습득해야 할 핵심적인 지식들을 함께 열심히 공부해보자.

3장

미국 주식,
이것만 알면 바로 시작할 수 있다

그다지 재미있는 내용이 아니었을 텐데 이 책의 3장에 성공적으로 도착한 독자 여러분께 먼저 경의를 표하고 싶다. 1장과 2장을 통해 '투기'가 아닌 건강한 '투자'의 마인드로 미국 주식 장기 투자에 임할 마음의 준비가 됐다면 이제 본격적인 '공부'를 시작할 시간이다.

사람에 따라서는 이러한 학습의 과정이 괴로워 비교적 접근이 용이한 단기 트레이딩을 선호하기도 하는데 '미주은' 유튜브 채널의 구독자 대부분이 의외로 미국 주식 투자에 필요한 지식 습득의 과정에서 커다란 '배움의 즐거움'을 찾는다는 것을 실감하고 있다.

3장에서는 결코 만만치 않아 보이는 미국 주식 용어들을 시작으로 미국 주식 투자에 없어서는 안 될 필수 정보들을 찾아볼 수 있는 전문 사이트들을 소개하고, 더 나아가 투자 종목들을 각 기업의 캐릭터에 따라 가치주와 성장주로 나누고 가치주와 성장주의 투자방법은 어떻게 달라져야 하는지까지 구체적으로 배워보는 시간을 가져보겠다.

다소 따분한 내용이 될 수 있으나 앞으로 독자 여러분이 미국 주식 투자를 진행함에 있어 피와 살이 될 수 있는 내용인 만큼 커피 한잔과 함께 열공의 시간을 가져보길 바란다.

≡1≡
실전에 필요한 미국 주식 용어,
이 정도로 충분하다

미국 주식으로 은퇴하기, '미주은'을 사랑해주는 구독자들이 미국 주식 투자를 진행하면서 가장 힘들어하는 부분이 바로 '미국 주식 용어'다. 아무래도 생소한 경제 용어들을 우리말도 아니고 영어를 통해 학습하는 과정은 많은 사람이 미국 주식 투자에 관심이 가면서도 망설이게 되는 큰 이유 중 하나인 듯하다.

하지만 진지하게 미국 주식에 투자를 시작한 이상, 미국 주식 용어에 대한 정확한 이해는 성공적인 투자 여정을 만들어내기 위해서라면 필수다. 미주은 채널을 운영하면서도 가장 많은 시간을 할애하여 미국 주식 용어에 대해 설명하고 있다. 미주은에 지금까지 100개 이상의 영상을 올렸는데 대부분의 영상에서 주요 주식 용어의 설명은 반복해서 하고 있다.

그래도 주식 용어가 한없이 많은 것이 아니라 똑같은 용어들이 반복해서 사용된다는 것이 다행이다. 가장 중요한 필수 용어들은 사실 30개가 되지 않는다.

이 책에서는 독자 여러분이 미국 주식에 투자하는 데 있어 꼭 필요한 용어들만 정리했다. 실제 투자에 바로 활용할 수 있도록 미국 주식 투자를 위해서는 필수적인 채널인 '야후 파이낸스(Yahoo Finance)'의 화면과 함께 보여주고자 한다.

다음 그림은 야후 파이낸스에 들어가서(finance.yahoo.com), 검색창에 'FB(페이스북)'를 검색했을 때 나오는 화면이다.

[야후 파이낸스 _ Summary ①]

야후 파이낸스에서 'FB(페이스북)'를 검색해 나온 화면의 Summary에서 살펴볼 용어들은 다음 페이지와 같다.

• Previous Close: 전일 종가

• Open: 금일 시가

• Day's Range: 거래일 저가 및 고가

• 52 Week Range: 52주 저가 및 고가

▷지난 1년간 최저점과 최고점 범위를 보여준다.

• Volume: 주식 거래량

• Avg. Volume: 평균 거래량

▷지난 3개월 동안 거래된 1일 주식 거래량의 평균.

• Fair Value: 주가의 적정 여부

▷Overvalued: 고평가 상태를 의미한다. 이때는 매수 결정은 신중하게
한다.

▷Near Fair Value: 적정 평가 상태를 의미한다.

▷Undervalued: 저평가 상태를 의미한다. 매수 기회라고 해석할 수 있다.

• 1y Target Est: 뒤의 '야후파이낸스 _ Summary ②'에서 설명하겠음.

• Chart Events: 주가 차트가 보여주는 해당 종목의 단기적 주가 추세

▷Bullish: 주가가 상승 추세에 있음[참고로 Bull(황소)은 미국 주식 시장에
서 상승국면을 의미하는 관용적인 의미이며 주가가 향후에 오를 것이라고
믿는 투자자들을 지칭하는 단어로도 사용된다].

▷Neutral: 주가가 정체 상태에 있음.

▷Bearish: 주가가 하락 추세에 있음[Bear(곰)는 미국 주식 시장에서 하락국
면을 의미하며 주가가 향후에 내릴 것이라고 믿는 투자자들을 지칭하는 단어로
도 사용된다].

[야후 파이낸스 _ Summary ②]

Previous Close	280.83	Market Cap	749.553B
Open	274.50	Beta (5Y Monthly)	1.30
Bid	261.95 x 1400	PE Ratio (TTM)	29.97
Ask	262.00 x 1300	EPS (TTM)	8.78
Day's Range	259.10 - 276.70	Earnings Date	Jan 26, 2021 - Jan 31, 2021
52 Week Range	137.10 - 304.67	Forward Dividend & Yield	N/A (N/A)
Volume	47,299,002	Ex-Dividend Date	N/A
Avg. Volume	23,867,229	1y Target Est	296.17

Fair Value ⓘ 🔒

XX.XX　　　　　　　　　　**Near Fair Value**

26% Est. Return

View details

Related Research ⓘ 🔒

📄 Analyst Report: Facebook, Inc.

📄 Analyst Report: Facebook, Inc.

View more

- Market Cap(Market Capitalization): 시가총액

  ▷'주식 1주의 가격(시가)×총발행 주식 수'의 공식으로 계산한다.

  ▷Market Cap은 한 기업의 가치를 측정하는 수치가 아니라 투자자들이 기업에 부여하고 있는 '한 기업의 가격'이라고 이해할 수 있다.

- Beta: 베타 지수, 민감도

  ▷해당 종목의 변동성을 측정하는 지수.

  ▷시장 평균 변동률을 1.0으로 봤을 때 해당 종목의 변동성이 평균 이상이면 1.0 이상으로 올라가고, 평균 이하일 때는 1.0 이하로 떨어진다.

  ▷베타 지수가 1.3~1.4 이상이면 장기적으로 투자 리턴에 부정적이라고 볼 수 있다.

  ▷해당 예와 같이 베타 지수가 1.30이면 시장 평균 변동률에 비해 해당 종목의 변동률이 30% 더 높은 것으로 이해할 수 있다.

3장 미국 주식, 이것만 알면 바로 시작할 수 있다

- **PE Ratio(Price To Earning)**: 주가 순이익 비율

  ▷'주식 가격(Stock Price)÷1주당 순이익(EPS)'의 공식으로 계산한다.

  ▷주가를 지난 12개월(Trailing Twelve Month) 동안의 1주당 순이익 (Earning)으로 나눠서 계산하는 것이다.

  ▷또는 시가총액(Market Cap)을 기업이 만들어낸 순이익(Net Income) 으로 나눠 계산할 수도 있다.

  ▷해당 예와 같이 PE Ratio가 29.97이라면 1년간 해당 기업이 만들어 낸 순이익에 29.97배를 해야 시가총액과 같아진다는 의미다. 즉, 투자자 입장에서는 해당 기업의 순이익이 미래에 변동하지 않는다고 가정했을 때, 투자금액을 회수하는 데 무려 30년 가까이 걸린다는 것으로 해석할 수 있다.

- **EPS(Earning Per Share)**: 1주당 순이익

  ▷'Earning(=Net Income, 순이익)÷Shares Outstanding(발행 주식 수)' 의 공식으로 계산한다.

  ▷기업이 만들어낸 순이익을 발행되어 있는 보통주의 수로 나눠서 계산하는 것이다.

  ▷해당 예와 같이 EPS가 8.78이라면 지난 12개월 동안 주식 1주당 만들어낸 순이익이 8.78달러라는 것이다.

- **Earnings Date**: 기업 실적 보고일

  ▷미국 주식 시장에 상장되어 있는 기업들은 3개월에 한 번씩 분기 실적 보고를 하는데 이를 통상 Earnings라고 부른다. Q1 Earnings는 1분기 실적 보고, Q2 Earnings는 2분기 실적 보고, 이런 식이다.

  ▷Earnings(분기 실적 보고)의 주요 내용은 해당 분기의 결과치와 다음

분기의 실적 예상치다. Earnings의 발표 내용에 따라 단기적, 그리고 장기적으로 해당 기업의 주가가 상당한 영향을 받을 수 있으므로 투자자들에게는 가장 중요한 투자의 지표가 될 수 있는 정보다.

• Forward Dividend & Yield: 다음 배당금 & 배당률

▷미국 기업들은 보통 3개월에 한 번씩 배당금(Dividend)을 지급하는데 통상 배당금은 1년간 변하지 않는다. 따라서 배당률(Dividend Yield)은 주가의 변동에 따라 매일매일 변한다.

▷즉, 배당금이 주가에서 차지하는 비율인 배당률은 주가가 상승하면 그 상승만큼 떨어지고, 주가가 하락하면 올라가는 것이다.

▷표시되어 있는 배당금과 배당률은 1년간 받는 배당을 의미한다. 일부 리츠(REITs) 종목을 제외하면 3개월에 한 번씩 4분의 1로 나눠서 지급한다.

▷배당금은 투자자의 주식계좌로 바로 입금되며 한국 계좌로 입금되는 데는 보통 배당 지급일(Dividend Payout Date)로부터 3~4일이 소요된다.

• Ex-Dividend Date: 배당락일

▷투자자들이 다음 배당 지급일에 배당금을 받기 위해서는 배당락일(Ex-Dividend Date) 전날까지는 해당 주식을 보유하고 있어야 한다.

▷따라서 배당락일 당일이나 그 이후에 주식을 매수하면 다음 배당 지급일에 배당금을 받을 수 없고 3개월을 더 기다려야 한다.

▷반대로 배당락일 당일에 주식을 매도하는 경우에는 다음 배당 지급일에 배당금을 받을 수 있다.

• 1y Target Est: 향후 1년간 달성 가능한 목표 주가

▷보통 15~25명의 주식 애널리스트가 내놓은 목표 주가의 중간치를
표시한다.

▷해당 예에서 해당 종목의 주가는 현재 263.11달러인데 향후 목표 주
가는 296.17달러다. 시장의 애널리스트들에 의하면, 해당 종목은 앞
으로 1년간 약 12.6%의 상승 여력을 갖고 있다고 볼 수 있다.

▷참고로 애널리스트들의 목표 주가는 매주 업데이트되는 것이 아니기
때문에 투자 결정을 할 때 참고만 할 수 있는 하나의 정보일 뿐이다.

지금까지 Summary 페이지에 나오는 용어들에 대해 설명했다. 이제는
Statistics 페이지로 넘어간다. Summary가 표기된 라인에 있는 Statistics
를 클릭하면 다음과 같은 화면이 윗부분에 나온다.

[야후 파이낸스 _ Statistics의 Valuation Measures]

Valuation Measures	Current	6/30/2020	3/31/2020	12/31/2019	9/30/2019
Market Cap (intraday) [5]	749.55B	647.15B	475.55B	585.37B	508.24B
Enterprise Value [3]	704.55B	597.20B	431.29B	542.24B	467.45B
Trailing P/E	29.97	31.15	25.94	32.89	30.18
Forward P/E [1]	24.94	31.45	19.49	22.22	18.15
PEG Ratio (5 yr expected) [1]	0.93	1.34	0.80	1.20	0.94
Price/Sales (ttm)	9.60	8.90	6.79	8.88	8.22
Price/Book (mrq)	6.37	6.15	4.71	6.23	5.73
Enterprise Value/Revenue [3]	9.37	31.96	24.32	25.72	26.48
Enterprise Value/EBITDA [6]	20.17	77.89	57.58	48.54	54.35

Annual Quarterly Monthly Download
Currency in USD

- Enterprise Value: 기업 가치

  ▷Market Cap(시가총액)이 투자자들이 기업에 부여하고 있는 가격을 보여준다면 Enterprise Value(EV)는 이 기업을 인수할 때 실제로 지불하는 가격을 측정하는 데 활용된다.

  ▷'시가총액(Market Cap)+부채(Debts)-보유 현금(Cash)'의 공식으로 계산할 수 있다. 부채를 더해주는 이유는, 기업을 인수하는 측의 입장에서는 기업 자산에 포함된 부채가 많으면 많을수록 실제 지불한 금액보다 더 비싸게 기업의 가치를 쳐준 셈이기 때문이다. 반면 기업 자산에서 현금이 많으면 기업 인수에 지불한 가격보다 디스카운트된 효과가 있기 때문에 Enterprise Value를 측정할 때는 현금을 빼서 계산한다.

  ▷따라서 개인 투자자들 입장에서도 Enterprise Value가 Market Cap에 비해 낮으면 낮을수록 긍정적인 신호라고 생각해볼 수 있다.

- Trailing P/E vs. Forward P/E

  ▷Trailing P/E: 과거 12개월간 벌어들인 Earning(순이익)을 주가와 비교한 주가 순이익 비율.

  ▷Forward P/E: 향후 12개월간 예상되는 Earning의 예상치와 주가를 비교한 주가 순이익 비율.

  ▷해당 예와 같이 Trailing P/E(29.77)보다 Forward P/E(24.94)가 낮다는 것은, 과거 12개월의 순이익에 비해 향후 12개월 동안 기대되는 기업의 순이익이 향상될 것으로 예상되는 상황이다. 좋은 신호로 볼 수 있다.

- PEG Ratio(Price/Earning To Growth Ratio): PE Ratio를 Earning의 성

장률로 나눈 값

▷성장주의 경우 Earning(순이익)이 발생하지 않거나 안정적이지 않은 기업이 많은데 이럴 경우 Earning의 성장률 대신 Revenue(매출)의 성장률로 대체하기도 한다.

▷즉, 주가에 부여되어 있는 프리미엄(Premium)을 기업이 보여주는 순이익의 성장성으로 정당화될 수 있는지 살펴보는, 높은 주가의 정당성을 측정하는 수치로 활용할 수 있다.

▷해당 기업의 PE Ratio를 보면 29.97로 매우 높은 프리미엄이 붙어 있음을 알 수 있다. 그런데 PEG Ratio가 0.93에 불과하다. 29.97를 0.93으로 나누면 Earning의 성장률이 (약) 32.2%로 매우 높다는 것을 알 수 있다. 따라서 이 기업의 다소 높은 PE Ratio는 그보다 더 높은 성장률로 정당화될 수 있다고 보면 된다.

▷보통 PEG Ratio가 2.0 이하로 떨어져 있는 종목은 주가의 프리미엄에 비해 성장률이 비교적 높은 상태이므로 매수 타이밍이라고 생각할 수 있다.

• Price/Sales(ttm): Price To Sales Ratio의 줄임말이다. 시가총액(Market Cap)을 지난 12개월간(TTM, Trailing Twelve Months) 벌어들인 매출(Sales, Revenue)로 나눈 값이다.

▷해당 예를 보면, 지난 12개월 동안 만들어낸 매출에 9.6배를 곱해야 시가총액이 될 수 있음을 알 수 있다. 그 전분기(6/30/2020) 8.90에서 현재 9.60으로 올라간 것으로 봐서 해당 기업은 매출이 성장하는 속도보다 주가의 상승이 좀 더 가파르게 진행되고 있음을 알 수 있다.

- Price/Book(mrq): Price To Book Ratio의 줄임말이다. 시가총액을 가장 최근 분기 기준(MRQ, Most Recent Quarter) 기업의 장부상 순자산 가치(Book Value)로 나눈 값이다.

  ▷여기서 기업의 순자산 가치는 재무재표상의 총자산(Total Asset)에서 총부채(Total Liabilities)를 뺀 값이다.

  ▷해당 예로 보면, 해당 기업의 경우 순자산 가치에 비해 시가총액이 6.37배 올라가 있음을 확일할 수 있다.

  ▷Price/Book은 주식의 장부 가격을 시장의 가격과 비교할 수 있는 자료이지만 미래의 매출, 수입 전망, 무형 자산을 포함할 수 없다는 결정적인 약점이 있다. 그래서 빅데이터가 최고의 자산인 구글(GOOG)이나 전 세계 27억 명 회원이 최대 자산인 페이스북(FB) 같은 기업의 Price/Book의 비율은 그 활용성이 떨어진다고 말할 수 있다.

[야후 파이낸스 _ Statistics의 Financial Highlights 및 Trading Information]

Financial Highlights		Trading Information	
Fiscal Year		**Stock Price History**	
Fiscal Year Ends	Dec 30, 2019	Beta (5Y Monthly)	1.30
Most Recent Quarter (mrq)	Sep 29, 2020	52-Week Change [3]	35.12%
		S&P500 52-Week Change [3]	6.23%
Profitability		52 Week High [3]	304.67
Profit Margin	32.01%	52 Week Low [3]	137.10
Operating Margin (ttm)	36.41%	50-Day Moving Average [3]	265.18
Management Effectiveness		200-Day Moving Average [3]	243.46
Return on Assets (ttm)	13.27%		
Return on Equity (ttm)	23.88%	**Share Statistics**	
		Avg Vol (3 month) [3]	23.87M
Income Statement		Avg Vol (10 day) [3]	24.94M
Revenue (ttm)	78.98B	Shares Outstanding [5]	2.4B
Revenue Per Share (ttm)	27.71	Float	2.39B
Quarterly Revenue Growth (yoy)	21.60%	% Held by Insiders [1]	0.66%
Gross Profit (ttm)	57.93B	% Held by Institutions [1]	79.41%
EBITDA	35.22B	Shares Short (Oct 14, 2020) [4]	21.19M
Net Income Avi to Common (ttm)	25.28B	Short Ratio (Oct 14, 2020) [4]	1.01
Diluted EPS (ttm)	8.78	Short % of Float (Oct 14, 2020) [4]	0.88%
Quarterly Earnings Growth (yoy)	28.80%	Short % of Shares Outstanding (Oct 14, 2020) [4]	0.74%

- **Profit Margin**: 순이익률

  ▷총매출(Revenue)에서 모든 비용을 빼고 난 순이익(Net Income 또는 Net Profit)이 차지하는 비율을 말한다.

  ▷'Net Income(순이익, Net Profit)÷Revenue(총매출)'의 공식으로 계산한다.

  ▷Net Income: Operating Profit(영업 이익)에서 세전 수익·비용, 이자비용 또는 기업 본연의 비즈니스 외의 활동에서 발생한 수입이나 비용을 제하고 남은 이익을 말한다.

- **Operating Margin**: 영업 이익률

▷총매출에서 영업 이익(Operating Income)이 차지하는 비율을 말한다.

▷'Operating Income÷Revenue'의 공식으로 계산한다.

▷**Operating Income(영업 이익, Operating Profit):** Gross Income(총이익, Gross Profit)에서 기업의 운영비용(Operation Expense)을 제외하고 남는 이익을 말한다. 즉, 총판매 매출에서 생산 및 판매비용(Cost of Sales)과 관리비용을 뺀 금액이다.

▷참고로 Gross Income은 총매출에서 판매비용만을 제외하고 남아 있는 이익을 보여준다.

• **Return On Assets(ROA):** 자산 이익률

▷여기서 Return은 순이익을 가리키며 Assets는 기업의 총자산을 말한다. 따라서 ROA는 순이익을 총자산으로 나눠 계산한다.

▷ROA는 기업의 자산 대비 벌어들인 순이익 비율을 계산함으로써 기업이 보유하고 있는 자산을 얼마나 효율적으로 운영했는지 살펴보는 지수다.

• **Return On Equity(ROE):** 자기 자본 이익률

▷여기서 Return은 순이익을 말하며 Equity는 기업의 자기 자본을 말한다. ROE는 순이익을 자기 자본으로 나눠 계산한다.

▷ROE는 기업의 자기 자본 대비 벌어들인 순이익 비율을 계산함으로써 기업이 보유하고 있는 자본을 얼마나 효율적으로 운영했는지 살펴보는 지수다. 주식 투자의 리스크를 감안해볼 때 ROE는 은행의 이자율보다 월등히 높아야 한다.

▷여기서 Equity는 총자산(Total Assets)에서 총부채(Total Liabilities)를 뺀 값이다. 따라서 어떤 기업이 ROA는 낮은데, ROE가 2배 이상

올라간다면 총자산에서 부채가 차지하는 비율이 높다는 것으로 판단할 수 있다.

▷해당 예를 보면, ROA는 13.27%, ROE는 23.88%이다. 두 수치 모두 건강한 모습을 보여주고 있다.

• Diluted EPS: 희석 주당 순이익

▷앞에서 살펴본 Earning Per Share(1주당 순이익)가 Net Income(순이익)을 Common Shares Outstanding(보통주 수)으로 나눈 값이었다면 Diluted EPS는 Net Income을 회사에서 발행한 전환사채나 신주인수권부사채가 나중에 주식으로 전환될 경우 추가될 주식 수까지 합해 계산한 수치다.

▷통상적으로 기업의 분기 실적 보고서에서 Earning에 대해 말할 때 Diluted EPS를 사용하는 경우가 많다.

▷해당 예로 보면, 지난 12개월 동안 해당 기업이 만들어낸 순이익은 1주당 8.78달러다.

• Quarterly Earnings Growth(yoy)

▷지난 회계 연도의 같은 분기와 비교했을 때 EPS가 어느 정도 성장했는가를 알아볼 수 있는 수치다. 여기서 yoy는 'year over year'의 약어다.

▷해당 예로 보면, 전년도 동기간 만들어낸 EPS보다 이번 분기 EPS가 28.80% 상승했음을 알 수 있다. 즉, 주식 수에 많은 변동이 없었다면 기업의 Net Income이 전년도에 비해 29% 가까이 증가했음을 짐작할 수 있다.

• 52-Week Change: 52주간 주가 변동

▷해당 기업의 주가가 52주, 즉 1년 전의 주가에 비해 어느 정도 상승 혹은 하락했는지를 나타내는 수치다.

▷해당 예로 보면, 52주 전의 주가에 비해 현재 주가는 35.12% 상승한 상태임을 알 수 있다. 만약 1년 전에 비해 현재 주가가 떨어져 있다면 마이너스(—)로 표시된다.

• S&P500 52—Week Change: S&P500 52주간 주가 변동

▷S&P500 지수가 52주 전에 비해 어느 정도 상승 혹은 하락했는지를 나타내는 수치다.

▷해당 예로 보면, 52주 동안 S&P500 지수는 6.23% 상승하는 데 그친 반면, 해당 기업의 주가는 35.12% 상승한 상황이므로 이 기업의 주가 상승이 시장 평균 상승률을 월등하게 앞질렀음을 쉽게 알 수 있다.

• 50—Day Moving Average: 50일 이동 평균

▷지난 50일 동안의 주가를 모두 더해서 나온 수치를 50으로 나눈 평

S&P500이란?

• 무디스(Moody's), 피치(Fitch)와 함께 글로벌 3대 신용평가기관으로 유명한 스탠더드앤드푸어스(Standard&Poor's)에서 만든 주가 지수이다. 간혹 이 지수에 포함된 500개 기업을 지칭하기도 한다.

• S&P500에 포함되는 기업은 스탠더드앤드푸어스가 자체 평가기준에 따라 우량 기업 중심으로 선정하고 있다. 포함된 종목을 산업별로 분류해보면 약 400개 종목은 기술주가 차지하며 금융주와 공공주는 각각 40개 종목, 그리고 운수주가 20개 종목이다.

• 블루칩 기업 30개만을 갖고 구성되는 다우지수(Dow Jones Industrial Average)에 비해 미국의 우량 기업 500개 종목의 시가총액을 구성비율에 활용하는 산정방식이라서 시장 전체의 추세와 기운을 파악하는 데 도움을 준다.

균값이다. 이렇게 산정된 평균값을 일자별로 점으로 만든 다음, 선으로 연결하면 50일 이동 평균선이 만들어진다.

▷50일 이동 평균선을 주식의 중·단기 매매에 적극적으로 활용하는 투자자들도 있다. 보통 50일 이동 평균선 위에서 한동안 머무르던 주가가 조정을 받으면서 50일 이동 평균선 근처로 떨어지게 되고(눌림목) 동시에 주식 거래량이 평균 거래량보다 1.5배 이상 늘어나게 되면, 기존의 50일 이동 평균선은 새로운 주가의 지지선이 될 가능성이 높으니 매수 타이밍으로 보는 관점이다.

▷반대로 주식 거래량이 늘어나는 동시에 주가가 50일 이동 평균선 아래로 관통하면 50일 이동 평균선은 새로운 주가 저항선으로 만들어질 가능성이 높아지므로 매도 타이밍으로 간주되기도 한다.

• 200—Day Moving Average: 200일 이동 평균

▷지난 200일 동안의 주가를 모두 더해서 나온 수치를 200으로 나눈 평균값이다. 이렇게 산정된 평균값을 일자별로 점으로 만든 다음, 선으로 연결하면 200일 이동 평균선을 만들 수 있다.

▷200일 이동 평균선의 경우 50일 이동 평균선에 비해 좀 더 장기적인 관점에서 투자에 활용 가치가 있다.

▷개별 종목이나 시장 지수가 단기적인 조정을 받게 되면 200일 이동 평균선 근처까지 쉽게 밀려나가다 200일 이동 평균선을 지지선으로 삼아 반등의 모습을 보여주는 경우가 많다.

• Shares Outstanding vs. Float: 발행 주식 수 vs. 유동 주식 수

▷Shares Outstanding은 발행되어 있는 총주식 수를 말한다. 여기서 자사주나 기업과 특수관계에 있는 주주의 보유분 등 비유동 주식을

제외한 것을 Float 혹은 Floating Stock(유동 주식 수)이라고 부른다. 즉, 일반 시장에 오픈된 주식이라고 보면 된다.

- % Held by Insiders: 내부자 보유 주식 비율

▷전체 발행 주식 수에서 회사의 내부자들이 보유하고 있는 주식 지분의 비율을 보여준다.

▷통상적으로 신생 기업이 아닌데도 기업의 창업자라든지, CEO, 디렉터들이 자신들의 기업에 활발히 투자하고 있다면 어느 정도는 그 기업의 미래 가치를 높게 평가한다고 볼 수 있다. 반면, 내부자 보유 주식의 비율이 급격한 감소를 보인다면 이는 회사 내부인들이 향후 주가의 흐름을 부정적으로 예상한다는 신호가 될 수도 있다. 하지만 주식 매도의 이유는 개인적인 사정에 의해 다양한 경우가 발생한다는 것도 유념하자.

- % Held by Institutions: 기관 보유 주식 비율

▷Shares Outstanding에서 각종 투자기관들이 보유하고 있는 주식 지분의 비율을 보여준다.

▷지나치게 기관의 보유 주식 비율이 낮으면 투자기관들이 해당 기업의 투자 가치를 높게 평가하고 있지 않다고 해석될 수 있다. 기관이 보유하고 있는 주식 비율이 급격하게 늘거나 줄어드는 것도 주의를 기울여 모니터링을 할 만하다.

- Shares Short: 공매도 주식 수량

- Short % of Float: 공매도 주식 비율(유동 주식 수 기준)

▷'공매도 주식 수량÷유동 주식 수량'의 공식으로 계산한다.

- Short Ratio(Short Interest Ratio): 통상 Days To Cover Ratio라고 불

리기도 한다. 즉, 특별한 이벤트로 인해 주가가 급등할 경우 공매도한 주식을 모두 처분하는 데 필요한 기간을 말한다.

▷'공매도 주식 수(Number of Shares Sold Short)÷1일 평균 거래 주식 수(Average Daily Volume)'의 공식으로 계산한다.

▷Short Ratio가 평소보다 증가하면 공매도 트레이더들이 주가 상승을 두려워하지 않는다는 의미로 해석되므로 주가 하락의 징조로 볼 수 있다. 반대로 Short Ratio가 감소하면 공매도 트레이더들이 급격한 주가 상승의 가능성에 대한 경계심이 늘어난 것으로 해석이 가능하므로 주가 상승의 징조로 생각할 수 있다.

▷2004년 MIT와 하버드대학의 연구 결과에 따르면, 너무 높은 Short Ratio를 보여주는 주식들은 시장의 평균에 비해 15% 정도 수익률이 낮게 나타난 바가 있다.

▷나스닥의 경우, 매월 2회씩 각 종목의 Short Ratio를 발표하고 있다.

• **Short % of Shares Outstanding**: 공매도 주식 비율(총주식 수 기준)

▷'공매도 주식 수량÷총주식 수량'의 공식으로 계산한다.

지금까지 Statistics의 Financial Highlights 및 Trading Information에 대해 설명했다. 이제 Summary가 표기된 라인에 있는 Financials를 클릭하면 나오는 Balance Sheet에 대해 설명하겠다.

Balance Sheet는 한 시점에서 기업의 재정 상태가 얼마나 건강한지를 한눈에 쉽게 알아볼 수 있는 중요한 투자 지표 중 하나다.

Balance Sheet는 크게 2개 부분으로 나눌 수 있다. 첫 번째 부분은 Total Assets(총자산), 두 번째 부분은 Total Liabilities(총부채)와 Stockholders'

[야후파이낸스 _ Financials의 Balance Sheet]

Balance Sheet All numbers in thousands

🔒 Get access to 40+ years of historical data with Yahoo Finance Premium. Learn more

Breakdown	12/30/2019	12/30/2018	12/30/2017	12/30/2016
⌄ Total Assets	133,376,000	97,334,000	84,524,000	64,961,000
⌄ Current Assets	66,225,000	50,480,000	48,563,000	34,401,000
⌄ Total non-current assets	67,151,000	46,854,000	35,961,000	30,560,000
⌄ Total Liabilities Net Minority Int…	32,322,000	13,207,000	10,177,000	5,767,000
⌄ Current Liabilities	15,053,000	7,017,000	3,760,000	2,875,000
⌄ Payables And Accrued Exp…	9,505,000	3,383,000	1,685,000	913,000
Pension & Other Post Retirem…	1,704,000	1,203,000	776,000	636,000
⌄ Current Debt And Capital …	1,077,000	500,000	-	-
⌄ Current Deferred Liabilities	269,000	147,000	98,000	90,000
Other Current Liabilities	2,498,000	1,784,000	1,201,000	1,236,000
⌄ Total Non Current Liabilities …	17,269,000	6,190,000	6,417,000	2,892,000
⌄ Total Equity Gross Minority Inte…	101,054,000	84,127,000	74,347,000	59,194,000
⌄ Stockholders' Equity	101,054,000	84,127,000	74,347,000	59,194,000
Total Capitalization	101,054,000	84,127,000	74,347,000	59,194,000

Equity(자기 자본)이다. 부채와 자기 자본을 더한 값이 자산의 총금액과 항상 같아야 한다. 그래서 대차대조표를 Balance Sheet라고 부른다.

투자자들이 Balance Sheet를 통해 산출할 수 있는 2가지 중요한 투자 지표가 있다. Current Ratio(유동 비율)와 Debt to Equity Ratio(자기 자본 부채 비율)가 그것이다.

투자자가 기업의 대차대조표를 살펴볼 때는 가장 먼저 유동 비율을 계산해서 기업의 단기적인 재정 상황을 확인한 다음, 자기 자본 부채 비율을 갖고 기업의 전반적인 건강 상황을 재확인하는 절차를 거친다. 장기적인 관점을 갖고 건강한 투자를 진행하기 위해 투자 리스크를 하나씩 제거하는 과정이라고 이해하면 되겠다.

우선 Current Ratio(유동 비율)부터 살펴보자. Current Ratio는 'Current Assets(유동 자산)÷Current Liabilities(유동 부채)'의 공식으로 계산한다.

Current Assets는 현금 및 현금성 자산, 단기 금융 자산, 매출 채권처럼 1년 내 현금화를 할 수 있는 자산의 합을 말한다. Current Liabilities는 기업이 1년 내 갚아야 하는 부채를 모두 합한 금액이다.

Current Ratio는 경영에 어려움을 겪고 있는 기업의 단기 부채 상환 능력을 평가하는 지표로 활용된다. 즉, 유동 비율이 1.0 이하로 떨어지면 1년 내 갚아야 하는 유동 부채가 현금화할 수 있는 유동 자산보다 많은 상황이므로 해당 기업의 비즈니스가 악화한다면 어느 시점에서 단기 부채를 모두 상환하지 못할 수 있다는 것을 의미한다. Current Ratio가 매우 높은 기업이라면 이야기가 달라진다. 넉넉한 현금을 보유하고 있으므로 새로운 비즈니스 모델 개발, 사업 확장, 기업 인수 등에 유리하다고 해석할 수 있다.

앞의 그림을 보면, 해당 기업의 Current Assets는 66,225,000,000달러, Current Liabilities는 15,053,000,000달러로 나온다. 따라서 Current Ratio는 (약) 4.40(=66,225,000,000÷15,053,000,000)이다. 즉, 해당 기업은 1년 내 상환해야 하는 부채보다 현금을 비롯한 유동 자산이 (약) 4.4배 더 많다는 의미이므로 현금성 자산이 넘쳐나는 매우 건강한 재정 상태를 유지하고 있다고 판단할 수 있다.

그다음, Debt To Equity Ratio에 대해 살펴보겠다.

한 기업의 총자산(Total Assets)은 기업이 금융기관으로부터 대출받거나 채권 발행을 통해 조성한 총부채(Total Liabilities), 그리고 주식 발행을 통해 조성한 자기 자본(Stockholders' Equity)으로 이뤄져 있다.

Debt To Equity Ratio는 한 기업의 자산을 구성하는 요소에서 부채와 자기 자본의 비율을 계산해봄으로써 기업의 재무구조가 얼마나 안정적인 가를 저울질해보는 수치다. 'Total Liabilities÷Stockholders' Equity'의 공식으로 계산한다.

앞의 그림을 보면, 해당 기업의 Total Liabilities는 32,322,000,000달러, Stockholders' Equity는 101,054,000,000달러로 나온다. 따라서 Debt To Equity Ratio는 (약) 0.32(=32,322,000,000÷101,054,000,000)다. 즉, 해당 기업의 전체 부채는 자기 자본 규모의 (약) 32%에 불과하다는 것을 보여준다. 이는 경제 위기 등으로 인해 해당 기업의 비즈니스에 어려움이 와도 해당 기업이 자기 자본의 (약) 32%만 사용해도 채무 전부를 해결할 수 있는 튼튼한 재정 상태를 유지하고 있음을 보여준다.

*

지금까지 우리가 미국 주식에 성공적으로 투자하기 위해서 반드시 이해하고 있어야 할 필수 미국 주식 용어들을 함께 살펴봤다. 앞에서 언급된 용어들만 확실히 이해하고 있다면 앞으로 미국 주식에 대한 정보를 습득하고 그 정보를 해석·분석하는 데 별다른 어려움은 없을 것이다.

물론, 처음에는 모든 용어가 생소하고 어렵게 느껴질 수 있다. 하지만 같은 용어들이 지속적으로 등장하므로 반복해서 의미를 되새기다 보면 나도 모르는 사이에 모든 주식 용어가 따분하고 지루한 숫자가 아니라 투자활동에 없어서는 안 될 가치 있는 정보로 다가오는 날이 금세 찾아올 것이다.

필자가 유튜브를 통해 방송하고 있는 '미국 주식으로 은퇴하기' 채널에서는 앞에서 등장한 주식 용어들을 반복적으로 학습할 수 있는 시리즈 영상을 2가지 카테고리로 올리고 있다. '미국 주식 배틀 끝판왕', 그리고 '주식 분석 끝판왕' 시리즈가 바로 그것이다. 실전 투자에서 우리가 공부한 미국 주식 용어들이 어떻게 활용되는지 직접 확인할 수 있다. 이처럼 미주은 채널이 미국 주식 용어들과 친구가 되는 데는 더할 나위 없이 유용하다는, 부끄럽지만 광고성 멘트를 남겨본다.

≡2≡
미국 주식 투자 정보,
어디에서 찾을 수 있나?

　이번에는 우리가 보유하고 있거나 관심 있는 종목에 대한 투자 정보를 쉽게 찾아볼 수 있는 정보의 보물 창고들을 소개하고자 한다.

　필자가 미국 주식 투자에 대한 유튜브 방송을 진행하다 보니, 아무래도 다른 사람들보다 미국 주식 관련 채널에 대한 관심이 높을 수밖에 없다. 그래서 활용할 만한 데이터를 찾아 정처 없이 인터넷의 바다를 헤매다 보니 유용한 주식 관련 사이트를 꽤 많이 찾아낼 수 있었다.

　미국 주식에 관한 정보를 얻을 수 있는 채널은 수십 개가 넘지만 그중에서 필자가 거의 매일 사용하면서 투자에 직접적인 도움을 받고 있는 최고의 사이트 Top 7을 자신 있게 공개한다.

야후 파이낸스_ finance.yahoo.com

첫 번째로 소개할 사이트는 '야후 파이낸스(Yahoo Finance)'다. 야후 파이낸스는 미국 주식 투자를 진행하는 데 있어 가장 기본이 되는 사이트라고 할 수 있다. 앞서 공부했던 '미국 주식 용어'에서 확인할 수 있듯이 미국 주식 투자에 필요한 다양한 수치를 취합할 수 있음은 물론이고 더욱 중요한 포인트는 실시간으로 '주가 업데이트'를 받아볼 수 있다는 점이다.

또한 야후 파이낸스의 메인 페이지에는 'My Portfolio'라는 메뉴가 있다. 투자자들은 자신이 보유하고 있거나 관심 있게 지켜보고 있는 종목들을 한군데 모아 적절한 제목을 부여한 폴더를 생성할 수 있다.

다음의 '야후 파이낸스 _ My Portfolio'에서 볼 수 있는 것처럼, 필자의 경우 미국 주식 유튜브를 운영하다 보니 관심을 가져야 할 기업 수가 상당히 많은 편이고, 그 종목들을 25개 이상의 폴더별로 분류해놓고 주가의 변

[야후 파이낸스 _ My Portfolio]

동을 확인하고 있다.

야후 파이낸스의 또 다른 장점은 주가 정보 하단에 위치한 뉴스 섹션이다. 투자자들이 저장해놓은 종목들에 맞춰 알고리즘이 각종 미디어에서 나오는 해당 기업들의 뉴스를 알아서 보여준다. 고맙게도 우리가 투자하고 있는 종목에 대한 중요한 뉴스들을 일부러 검색해야 하는 수고를 덜어주는 셈이다.

야후 파이낸스를 많은 투자자가 기본 사이트로 이용하는 또 하나의 결정적인 이유는 모바일과의 연계성이다. 다음 그림에서 한눈에 볼 수 있듯이 야후 파이낸스에 생성해놓은 My Portfolio 폴더들과 그 안의 종목들은 투자자들이 스마트폰의 애플리케이션을 통해 연동해놓을 수 있다. 그중 한군데에서 새로운 폴더를 생성하거나 폴더 내의 종목 변경 등을 시행하

[야후 파이낸스의 'My Portfolio' 컴퓨터 화면 vs. 모바일 화면]

면 다른 한쪽도 실시간으로 업데이트되는 매우 편리한 기능을 갖고 있다.

마크로트렌즈 _ www.macrotrends.net

두 번째로 소개할 사이트는 '마크로트렌즈(Macrotrends)'다. 마크로트렌즈는 장기 투자자들에게 없어서는 안 될 기업들의 과거 데이터들을 제공한다. 좀 과장하면, 마크로트렌즈에서 찾아볼 수 없는 기업의 과거 자료는 없다고 말할 수 있을 정도로 취합할 수 있는 데이터가 매우 광범위하다. 신생 기업들을 제외한 기업들 대부분의 경우 과거 20~40년 치 데이터까지도 찾아볼 수 있으니 말 그대로 '정보의 보물 창고'라고 부를 만하다.

다음 그림에서 확인할 수 있는 것처럼 마크로트렌즈는 활용 가능한 데이터들을 크게 8개의 카테고리로 정리해놓았다.

Tesla Price to Sales Ratio 2009-2020 | TSLA

Prices   Financials   Revenue & Profit   Assets & Liabilities   Margins   **Price Ratios**   Other Ratios   Other Metrics

PE Ratio   P/S Ratio   Price/Book Ratio   Price-FCF Ratio   Net Worth

Tesla P/S Ratio Historical Data

Date	Stock Price	TTM Sales per Share	Price to Sales Ratio
2020-11-06	429.95		15.29
2020-09-30	429.01	$28.13	15.25
2020-06-30	215.96	$27.03	7.99
2020-03-31	104.80	$28.37	3.69
2019-12-31	83.67	$27.60	3.03
2019-09-30	48.17	$27.71	1.74
2019-06-30	44.69	$28.54	1.57
2019-03-31	55.97	$26.08	2.15
2018-12-31	66.56	$24.86	2.68

각 카테고리에서 찾아볼 수 있는 정보들은 다음과 같다. 각 주식 용어에 대한 자세한 설명은 앞의 '실전에 필요한 미국 주식 용어, 이 정도로 충분하다'를 참고하길 바란다.

- Prices
  - ▷ Stock Price History: 주가 변동과 주가 차트
  - ▷ Stock Splits: 주식 분할의 시기와 분할 내용
  - ▷ Market Cap: 시가총액의 변화
- Financials
  - ▷Income Statement: 손익계산서, 기업의 이익과 손실(Profit and Loss)
  - ▷ Balance Sheet: 대차대조표
  - ▷ Cash Flow Statement: 현금 흐름표
- Revenue & Profit
  - ▷ Revenue: 매출
  - ▷ Gross Profit: 총이익
  - ▷ Operating Income: 영업 이익
  - ▷ EBITDA: 세전 영업 이익
  - ▷ Net Income: 순이익
  - ▷ EPS: 주당 순이익
  - ▷ Shares Outstanding: 발행 주식 수
- Assets & Liabilities
  - ▷ Total Assets: 총자산

▷Long Term Debt: 장기 부채

▷Total Liabilities: 총부채

▷Share Holder Equity: 자기 자본

• Margins

▷Profit Margin: 순이익률

▷Gross Margin: 총이익률

▷Operating Margin: 영업 이익률

▷EBITDA Margin: 세전 영업 이익률

• Price Ratios

▷Price to Earnings Ratio: 주가 순이익 비율

▷Price to Sales Ratio: 주가 매출액 비율

▷Price to Book Ratio: 주가 순자산 비율

▷Price to Free Cash Flow Ratio: 주가 현금 흐름

• Other Ratios

▷Current Ratio: 유동 비율

▷Quick Ratio: 당좌 비율

▷Debt to Equity Ratio: 자기 자본 부채 비율

▷Return on Equity: 자기 자본 이익률

▷Return on Assets: 자산 이익률

▷Return on Investment: 투자 이익률

• Other Metrics

▷Dividend Yield History: 배당률 변동

▷Number of Employees: 직원 수 변동

시킹알파 _ seekingalpha.com

다음으로 소개할 사이트는 필자가 개인적으로 가장 아끼는 '시킹알파(Seeking Alpha)'다. 필자의 사견으로는, 시킹알파만큼 주식 관련 정보가 깔끔하게 정리된 사이트를 찾아보기 힘들다.

단편적인 예로, 투자자들의 관심이 가장 많은 주식 정보 중 하나가 '배당'에 관한 부분인데 생각보다 미국 주식의 '배당' 정보를 쉽게 정리해 보여주는 사이트를 찾기 힘들다. 다행히 다음의 '시킹알파 _ Dividends'에서 보여주듯이, 시킹알파는 초보 투자자들도 해당 종목의 배당금 정보를 한눈에 알아볼 수 있게 정리해주고 있다. 다른 정보들 역시, 말 그대로, '사용자 친화적' 구성을 갖고 있다. 만약 독자 여러분이 한두 개의 주식 관련 사이트만 참고하면서 투자를 진행할 계획이라면 시킹알파를 자신 있게 강추(강력 추천)한다.

[시킹알파 _ Dividends]

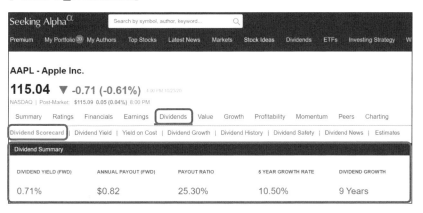

필자가 시킹알파를 아껴 사용하는 또 하나의 이유는 바로 'Earnings' 탭에서 찾아볼 수 있는 수익과 매출의 예측 정보 때문이다.

다음의 '시킹알파 _ Earnings Estimates'를 보자. 'Earnings' 탭에 속한
'Earnings Estimates'를 클릭하면 'Consensus EPS Estimates(순수익 예
측)', 그리고 하단에 'Consensus Revenue Estimates(총매출 예측)' 정보
를 찾아볼 수 있다. 월스트리트의 애널리스트들이 제시한 해당 기업의 수

[시킹알파 _ Earnings Estimates]

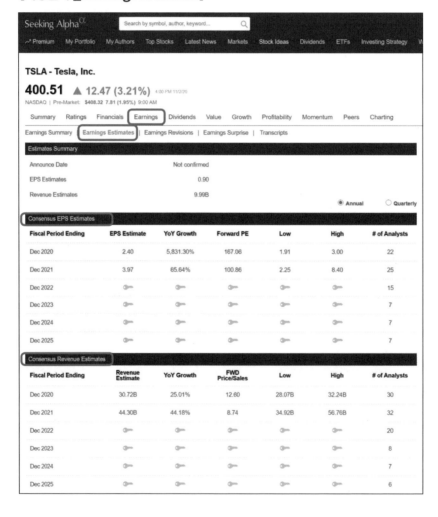

익과 매출의 예측치를 여기서 확인할 수 있다.

향후 3년에서 10년 치까지의 예상 수치를 보기 위해서는 유료회원에 가입해야 하지만 해당 연도와 그다음 해까지 2년 치의 정보는 누구에게나 오픈되어 있어 회원 가입을 하지 않아도 볼 수 있다. 여러분이 투자하고 있는 기업의 매출과 수익에 대해 시장 전문가들은 향후 2년간 어떠한 전망을 하고 있는지 궁금하다면 지금 바로 시킹알파를 방문하면 된다.

마켓비트 _ www.marketbeat.com

미국 주식 투자는 한국 주식 투자에 비해 좀 더 단순하게 접근할 필요가 있다. 쉽게 말해, 머리를 굴리는 것보다 눈에 보이는 자료를 투자에 적극 활용하는 것이 생각보다 좋은 결과를 가져다줄 수 있다는 말이다.

예를 들어, 특정 기업의 분기 보고 실적(Earnings)이 시장의 기대보다 잘 나왔다면 해당 종목의 주가는 한동안 고공행진을 보일 가능성이 매우 높다. 이런 정보들을 아무도 모를 때 입수해 미리미리 투자에 활용해야 하는 한국 주식 시장보다 미국 주식 시장에 투자하는 것이 어떻게 보면 훨씬 수월할 수도 있다는 말이다.

같은 이유로, 많은 투자자가 월스트리트 전문가들이 제공하는 각 종목에 대한 평가(Analyst Ratings)를 관심 있게 지켜본다. 일부 영향력 있는 애널리스트들의 종목 평가 업데이트에 따라 기업의 주가가 요동칠 수 있는 곳이 바로 미국 주식 시장이다.

따라서 개인 투자자 입장에서도 투자하고 있는 종목에 대한 애널리스트들의 평가 변화를 예의 주시할 필요가 있는데 이러한 마켓의 평가 정보를 가장 효과적으로 전달해주는 사이트가 바로 '마켓비트(Market Beat)'다.

주식 시장 전문가들의 주식 평가를 보여주는 사이트는 꽤 다양하다. 하지만 다음의 '마켓비트 _ Analyst Ratings'에서 볼 수 있듯이 마켓비트에서는 특정 종목의 평가점수가 지난 180일 동안 어떻게 변화되어 왔는지 한눈에 확인할 수 있다.

[마켓비트 _ Analyst Ratings]

하나 더 중요한 부분이 있다. 애널리스트들의 종목 평가가 '얼마나 자주 업데이트가 되는가?'인데 마켓비트에서는 다음의 '마켓비트 _ Analyst Ratings History'에서 볼 수 있는 것처럼, 시장에서 발표되는 평가 내용들을 바로바로 업데이트해주기 때문에 그 활용 가치가 더 크다고 말할 수 있다.

[마켓비트 _ Analyst Ratings History]

Date	Brokerage	Action	Rating	Price Target	Impact on Share Price	Details
10/23/2020	Morgan Stanley	Boost Price Target	Equal Weight	$333.00 → $360.00	Low	
10/22/2020	UBS Group	Set Price Target	Neutral	$325.00	High	
10/22/2020	Canaccord Genuity	Boost Price Target	Hold	$377.00 → $419.00	Medium	
10/22/2020	Oppenheimer	Boost Price Target	Outperform	$451.00 → $486.00	High	
10/22/2020	Credit Suisse Group	Set Price Target	Neutral	$400.00	High	
10/22/2020	JPMorgan Chase & Co.	Reiterated Rating	Sell	$80.00	High	
10/22/2020	Sanford C. Bernstein	Set Price Target	Sell	$180.00	High	
10/22/2020	JMP Securities	Upgrade	Market Perform → Outperform	$516.00	High	
10/22/2020	Robert W. Baird	Upgrade	Neutral → Outperform	$450.00 → $488.00	High	
10/22/2020	Barclays	Reiterated Rating	Sell	$125.00	High	

잭스 _ www.zacks.com

다음으로 살펴볼 사이트는 '잭스(Zacks)'이다. 잭스는 개별 종목 평가를 통해 유망 기업을 추천하는 소위 '주식 리딩'으로 유명한 사이트다. 잭스에서 추천하는 종목을 받아보기 위해서는 유료회원으로 가입해야 한다. 그런데 한국 투자자의 경우 '해외 사이트에 유료회원으로 가입할 필요가 있을까?'라고 생각할 수 있다. 필자가 잭스를 Top 7에 포함한 이유는, 무료로 이용할 수 있는 편리한 기능의 'Financial Overview' 페이지를 추천하기 위해서다.

다음 페이지의 '잭스 _ Financial Overview'에서 확인할 수 있는 것처럼, 하나의 종목을 분석하는 데 필요한 거의 모든 데이터를 한 화면에 깔끔하게 정리해 보여주고 있다. 필자가 미국 주식 투자를 진행하면서 지금까지 들여다봤던 주식 관련 사이트가 약간 부풀려서 100여 개에 달하는데 잭스의 'Financial Overview'처럼 필요한 정보를 단 하나의 화면에 담아

[잭스 _ Financial Overview]

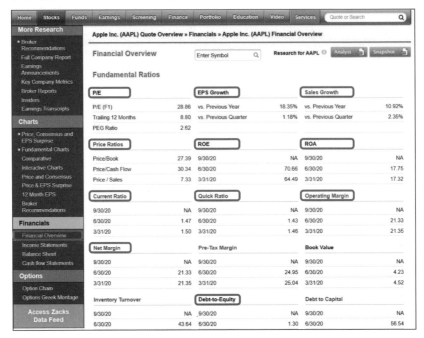

주는 사이트는 아직까지 보지 못했다.

더욱이 주식 평가항목의 데이터를 지난 90일 동안 분기별로 정리해 놓았기 때문에 해당 종목이 각 평가항목에서 어떠한 추세를 보여 왔는지도 쉽게 확인할 수 있어 그 활용 가치는 더욱 크다.

핀비즈 _ finviz.com

미국 주식에 관심이 있는 투자자라면 다음의 그림을 한 번쯤은 본 적이 있으리라 생각한다.

핀비즈(Finviz)가 제공하는 주가 Map은 S&P500에 속해 있는 개별 종

[핀비즈 _ S&P500 Map]

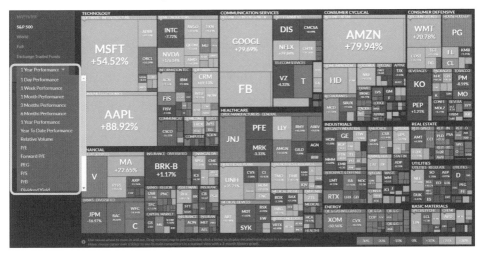

목의 주가 변동을 한눈에 확인할 수 있어 많은 투자자에게 사랑받는 사이트다. 그림 왼쪽에 위치한 메뉴 탭을 클릭하면 주가 변동을 살펴보고 싶은 기간을 사용자가 설정할 수 있다. 바로 어제 미국 시장에서의 주가 변동, 혹은 과거 1주, 1개월, 3개월, 6개월, 1년으로 기간을 설정해놓고 주가의 변동 상황을 손쉽게 확인해볼 수 있다.

각 종목의 주가 변동뿐만 아니라 주식 평균 거래량을 해당일의 거래량과 비교한 Relative Volume, PE Ratio(주가 순이익 비율), PEG Ratio(주가 수익 증가 비율), PS Ratio(주가 매출액 비율), Dividend Yield(배당률), EPS Growth(주당 순익 성장률), Float Short(공매도 비율), Analyst Recommendation(애널리스트 점수) 등의 다양한 평가항목으로 500여 개의 종목을 한꺼번에 비교할 수 있어 생각보다 활용 가치가 높은 사이트다.

또한, 핀비즈에서는 우리가 자주 사용하는 S&P500 화면뿐만 아니라 'Exchange Traded Fund(ETF)'의 주가 변동 역시 같은 방식으로 찾아볼 수 있다.

다음 '핀비즈_ETF Map'에 나와 있는 것처럼 왼쪽 메뉴에서 'Exchange Traded Funds'를 클릭한 다음, 기간을 바꿔서 보자. 해당 기간에 각 ETF 들이 보여준 성과를 한눈에 비교해볼 수 있다. 수익률이 좋은 ETF를 찾고 싶은 투자자들에게는 매우 유용한 툴로 사용될 수 있을 것 같아서 소개했다.

[핀비즈 _ ETF Map]

팁랭스 _ www.tipranks.com

필자가 마지막으로 추천하는 미국 주식 관련 사이트는 '팁랭스(Tipranks)' 이다. 팁랭스는 지금까지 소개한 사이트와는 그 활용방법에서 현저한 차 이를 갖고 있다.

앞에서 소개한 사이트들 대부분은 투자자들이 각자 관심 있는 종목에 대한 정보를 취합하는 데 도움이 된다. 그래서 투자자들은 각 사이트에서 수집한 정보들을 자신의 주관적인 관점에서 해석하고 해당 종목에 대한 최종 평가도 스스로 내려야 하는 어려움이 있다.

반면, 팁랭스는 좀 더 구체적이고 직접적인 투자 정보, 즉 해당 종목의 평가 점수, 애널리스트 추천 수, 예상 주가, 헤지펀드 변동 상황 등을 제공한다. 전문가들의 조언에 어느 정도 의존할 수밖에 없는 초보 투자자들에게 적합한 사이트라고 볼 수 있다.

다음의 '팁랭스 _ Stock Analysis'에서 볼 수 있는 것처럼 팁랭스는 하나의 종목을 8가지 평가항목으로 분석해준다.

[팁랭스 _ Stock Analysis]

대표적인 것만 언급해보면, 'ANALYST RATINGS'에서는 애널리스트들의 종목 평가 평균 점수와 예상 주가를 보여주고 있으며, 'BLOGGER OPINIONS'에서는 현재 주식 블로거들이 해당 종목에 대해 어떠한 관점을 갖고 글을 올리고 있는지 해당 섹터의 평균 점수와 비교해서 알려준다. 'HEDGE FUND ACTIVITY'에서는 지난 3개월 동안 헤지펀드 회사들이 이 종목을 더 추가로 매수했는지, 아니면 매도한 금액이 더 많았는지 알 수 있으며, 'INSIDER ACTIVITY'를 통해서는 그 회사의 CEO, CFO, VP(Vice President, 부사장), 다이렉터와 같은 내부자들이 지난 3개월 동안 기업의 주식을 매매한 내역을 요약해서 보여준다.

팁랭스에는 2020년 10월 현재, 11만 명에 육박하는 개인 투자자들의 포트폴리오가 연동되어 있다. 투자자들이 자신의 포트폴리오를 설정해놓으면 팁랭스로부터 포트폴리오 뉴스, 포트폴리오 캘린더, 포트폴리오 분석 등의 무료 서비스를 제공받을 수 있기 때문이다.

다음의 '팁랭스 _ Stock Investors'에 나와 있는 'INVESTORS'에서는 팁랭스에 연동되어 있는 개인 투자자들의 포트폴리오를 분석해서 해당 종목에 투자하고 있는 투자자의 비율과 그 투자자들의 포트폴리오에서 해당 종목이 차지하는 비중을 평균(%)으로 알아볼 수 있다. 이 정보는 팁랭스에서만 찾아볼 수 있는 독특하고 유용한 정보라고 생각한다.

[팁랭스 _ Stock Investors]

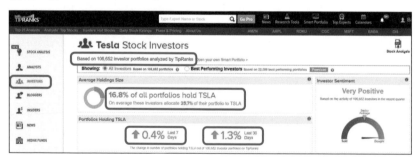

마지막으로 'NEWS'에서는 지난 일주일 동안 시장에 나왔던 주식 관련

기사들을 분석해준다. 지난 일주일 동안 해당 종목에 대한 기사는 총 몇 건이 나왔는지, 그 내용은 긍정적이었는지, 아니면 부정적이었는지까지 비율로 표시해주므로 현재 투자하고 있는 기업에 대한 마켓의 여론을 이해하는 데 매우 소중한 자료가 될 수 있다.

[팁랭스 _ Stock News Rating]

≡3≡
배당주의 모든 것

우리가 주식에 투자하면서 수익을 올릴 수 있는 방법은 크게 2가지다. 첫 번째 방법은 흔히 차익 실현이라고 부르는데, 보유하고 있는 주식의 가격이 매수가보다 높게 형성된 상황에서 보유 주식의 일부 혹은 전부를 매도해 매수 가격과 매도 가격 간의 차이를 수익으로 남기는 것이다.

두 번째 방법은 '배당'이다. 배당이란, 주주가 기업에 투자한 자본의 대가로 받는 이익의 배분을 말한다. 즉, 기업이 열심히 노력해 만들어낸 매출에서 모든 비용을 제외하면 순이익(Net Income 또는 Net Profit)이 남는데 이 순이익의 일부를 기업에 투자한 사람들이 투자금액의 비율만큼 나눠 갖는 개념으로 이해하면 된다.

단, 순이익을 창출해도 주주 환원보다 기업의 지속적인 혁신과 비즈니스 향상에 무게를 많이 둬야 하는 테크 관련 상장 기업들은 배당을 지급하지 않고 순이익의 전부를 미래 비즈니스를 위해 재투자하는 경우도 많다. 아마존(AMZN), 페이스북(FB), 구글(GOOG) 등의 기업이 배당금을 지급하지 않는 이유가 바로 여기에서 기인한 것이다.

장기적인 관점에서 안정적인 리턴을 선호하는 독자라면 미국의 배당주에 관심을 가지면 좋다. 배당주는 보유한 주식이 많으면 많을수록 정기적으로 들어오는 고정 수입이 올라가기 때문에 특히 은퇴가 멀지 않은 투자자들이 월세 수입을 노리고 투자하는 부동산의 대안으로 활용 가치가 충분하다고 말할 수 있다.

한국의 경우 삼성 등 일부 기업을 제외하면 기업들 대부분이 1년 치 배당금을 연 1회 혹은 2회로 나눠 한꺼번에 지급하고 있어 정기적인 수입원으로 활용하는 데 약간의 어려움이 있을 수 있다. 이와는 대조적으로 미국 기업 대부분은 3개월에 한 번씩, 즉 분기마다 배당을 주주들에게 지급하고 있어서 3개월에 한 번씩 꼬박꼬박 생활비를 지급해주는 고마운 은퇴 생활의 수입원으로도 충분히 그 활용 가치가 있다. 참고로, 미국의 일부 리츠(REITs, 부동산 주식) 관련 종목들은 달마다 배당을 지급하는 경우도 꽤 많으므로 배당주 투자에 관심이 높다면 좀 더 자세히 살펴볼 필요가 있다. S&P500에 편입되어 있는 미국 대표 기업들 중 80% 정도인 400여 개의 기업이 배당을 지급하고 있다고 하니 배당금은 우리가 미국 주식에 투자해야 하는 중요한 이유 중 하나라고 말할 수 있겠다.

여기서 우리가 주식 투자로 배당을 받기 위해서는 꼭 기억해야 하는 날짜가 하나 있다. 바로 배당락일(Ex—Dividend Date)인데 우리가 배당락 실시일 전에 주식을 보유하고 있지 않으면 배당 기준일 현재 주주명부에 등재되지 않아 배당을 받을 수 없다. 주식을 매매할 경우 계약 체결 당일에 바로 주식의 주인이 바뀌지 않고 보통 계약을 체결하고 2일째 되는 날에 주식의 주인이 바뀌기 때문에 그렇다. 반대로 기존의 주주라면 배당락 실시 당일에 주식을 매도해도 해당 분기의 배당금은 확보할 수 있게 된다.

이밖에도 우리가 배당주 투자를 성공적으로 진행하기 위해서는 꼭 알고 있어야 할 용어들을 간단히 정리해봤다.

- Declare Date(배당 발표일): 회사 이사회에서 배당 지급을 결정하고 발표한 날.

- Ex－Dividend Date(배당락일): 배당금을 받을 권리가 없어지는 날이라고 생각하면 된다. 배당락일 당일에 주식을 매수했다고 해도 배당을 받을 권리가 없으며 해당 기간의 배당금은 주식을 매도한 이전 주주에게 지급된다.

- Record Date(주주 명부 확정일): '배당 기준일'이라고 부르기도 한다. 주주가 배당받을 권리를 인정받을 수 있느냐의 기준이 되는 날짜다. 배당 기준일은 보통 배당락일의 다음 날이다. 그 이유는 앞에서 언급한 것처럼 주식의 계약이 성사되면 그 주식의 소유주가 바뀌는 데 걸리는 시간이 통상 2일이 소요되기 때문이다.

- Payout Date(배당 지급일): 배당금 지급이 예정된 날짜를 지칭한다. 미국 주식의 경우 보통 배당 지급일로부터 2~3일이 경과해야 배당금이 증권계좌로 입금된다.

- Dividend Frequency(배당 주기): 1년간 지급하기로 확정된 배당금을 몇 번에 나눠 지급하는지를 나타내는 말이다. 미국의 기업들은 대부분 3개월에 한 번, 분기 지급을 기본으로 한다.

다음은 코카콜라(KO)의 배당 내역을 정리해 놓은 표이다. 우리가 배당주 투자를 위해 필수적으로 알고 있어야 할 정보가 이 표 하나에 모두 나와 있다고 해도 과언이 아니다.

[코카콜라 배당 내역]

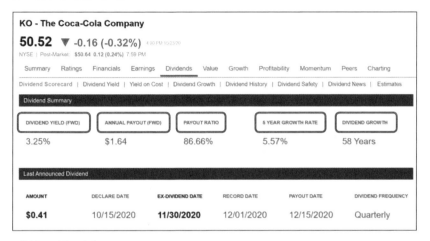

• 출처: seekingalpha.com

• **DIVIDEND YIELD(배당률):** 기업이 1년간 지급하는 배당금을 현재 주가로 나눠 계산한 비율이다. 코카콜라의 연간 지급액이 1.64달러, 현재 주가가 50.52달러이므로 배당률은 1.64를 50.52로 나눈 값인 (약) 3.25%가 나온다.

가끔씩 배당률에 대해 혼동하는 경우가 있는데 주가는 매일매일 변동하므로 배당금을 주가로 나눈 값인 배당률 역시 주가의 변화에 따라 계속 달라질 수밖에 없음을 기억하자.

• **ANNUAL PAYOUT(배당액):** 코카콜라처럼 매년 배당금을 올려주는

기업은 1년에 한 번씩, 그해 지급하는 배당금액을 발표한다. 2020년 코카콜라의 배당금은 1주당 1.64달러로 책정되었음을 알 수 있다.

- **PAYOUT RATIO(배당성향):** 지급하는 배당금액이 기업의 EPS(주당 순이익)에서 차지하는 비율이다. 코카콜라의 경우 2020년 배당으로 1.64달러를 지급하면 코카콜라가 기대하고 있는 EPS의 86.66%를 주주에게 환원하게 된다.

  배당주를 선택할 때는 배당성향이 너무 높지 않은 종목을 선정하는 것이 안전하다. 배당성향이 너무 높은 상황에서 순이익이 큰 폭으로 감소하면 배당금을 줄여야 하는 '배당 컷(Dividend Cut)'이 올 수도 있기 때문이다.

- **5 YEAR GROWTH RATE:** 해당 기업에서 지급하는 배당금의 성장률을 지난 5년 동안의 평균치로 계산한 값이다. 코카콜라의 경우 지난 5년 동안 배당금의 평균 성장률이 매년 5.57% 정도로 나타난다.

- **DIVIDEND GROWTH(배당 연속 인상 연수):** 배당금이 투자의 주요 목적일 경우 가장 중요하게 여겨야 할 배당주의 평가항목 중 하나다. 해당 기업이 주주에게 지급하는 배당금이 지난 몇 년 동안 쉬지 않고 계속해서 성장했는가를 보여주는 수치이기 때문이다. 코카콜라는 과거 58년 동안 한 해도 쉬지 않고 배당금을 매년 올려왔음을 확인할 수 있다.

'배당 킹(Dividend King)'이라는 말이 있다. 코카콜라처럼 50년 이상 배당금을 꾸준히 증가시키면서 지급한 기업을 치켜세워 부르는 말이다. 2020년 10월 기준으로, 미국 주식 시장에는 총 29개 기업이 배당 킹으로 그 이름을 당당히 올리고 있다. 그 기업들의 이름은 다음과 같다(티커 제외).

3M, ABM Industries, Altria, American Water, CA Water Service, Cincinnati Financial, Coca-Cola, Colgate-Palmolive, Commerce Bank, Dover, Emerson Electric, F&M Bancorp, Federal Realty, Genuine Parts, H.B. Fuller, Hormel Foods, Johnson&Johnson, Lancaster Colony, Lowe's, Nordson, MSA Safety, NW Natural, Parker-Hannifin, Procter&Gamble, SJW Group, Stanley B&D, Stepan, Sysco, Tootsie Roll.

혹시 궁금한 독자를 위해 위에서 언급된 배당 킹 종목을 포함해 투자자들에게 인기가 높은 배당주들을 정리해봤다. 괄호 안에 표기한 배당률은 2020년 9월 말 기준이며 해당 종목의 주가 변동에 따라 지속적으로 바뀌는 수치이므로 참고만 하길 바란다.

- 3M(MMM | 3.5%): 62년 연속 배당금 인상, 지난 5년간 배당 성장률 11.0%
- Altria(MO | 8.7%): 17년 연속 배당금 인상, 지난 5년간 배당 성장률 10.4%
- Cincinnati Financial(CINF | 3.1%): 60년 연속 배당금 인상, 지난 5년간 배당 성장률 11.0%
- Coca-Cola(KO | 3.3%): 58년 연속 배당금 인상, 지난 5년간 배당 성장률 5.6%

- Federal Realty Investment Trust(FRT | 5.2%): 52년 연속 배당금 인상, 지난 5년간 배당 성장률 4.6%

- Genuine Parts Company(GPC | 3.1%): 64년 연속 배당금 인상, 지난 5년간 배당 성장률 5.8%

- Johnson&Johnson(JNJ | 2.7%): 58년 연속 배당금 인상, 지난 5년간 배당 성장률 6.3%

- Procter&Gamble(PG | 2.3%): 64년 연속 배당금 인상, 지난 5년간 배당 성장률 3.1%

- AT&T(T | 7.1%): 36년 연속 배당금 인상, 지난 5년간 배당 성장률 2.1%

- Verizon Communications(VZ | 4.1%): 7년 연속 배당금 인상, 지난 5년간 배당 성장률 2.5%

- Exxon Mobil(XOM | 9.2%): 2020년 코로나19 영향으로 13년 만에 배당금 동결

- Simon Property(SPG | 7.2%): 2020년 코로나19 영향으로 10%가 넘었던 배당률을 하향 조정

- Abbvie(ABBV | 5.3%): 지난 5년간 배당 성장률 20.1%

- Realty Income(O | 4.4%): 매달 배당금이 지급되는 리츠 종목, 지난 5년간 배당 성장률 4.4%

[에피소드] 배당주 단기 트레이딩의 함정!

필자가 장기적인 투자 마인드를 완전히 형성하지 못했던 시절에 있었던 에피소드를 소개하고자 한다.

당시에 트레이딩으로 적지 않은 수익을 올리고 있었던 필자는 20%가 넘는 배당률을 자랑하는 Oil Tanker(유조선) 종목들을 접하게 됐다. 너무나도 매력적인 배당률에 급(急)흥분한 필자는 일확천금을 노리고 배당금을 이용한 단기 트레이딩을 계획했다. 즉, 배당락일 바로 전날 주식을 대량 매수했다가 배당락일 당일에 전량 매도하여 설사 주가가 조금 하락해도 15% 이상 수익을 내겠다는, 표면적으로는 그럴듯한 계획이었다.

그런데 여기에는 필자가 미처 알지 못했던 함정이 숨어 있었다. 바로, 기업이 주주에게 배당을 지급할 때 그 자금은 시가총액에서 빠져나간다는 것이다. 필자는 그것을 몰랐다. 주가가 10달러인 종목의 배당률이 20%라면 배당락일에 시장이 다시 오픈할 때 10달러에서 배당금액 20%를 공제하고 8달러에서 주가가 시작하는 것이다.

당시 Oil Tanker 종목들은 끊임없는 하락 추세를 보이고 있었으며 높은 배당률은 공매도꾼들의 집중 타깃이 되고 있었다. 필자는 20%의 배당금을 노리다가 30% 이상 하락한 주가에 매수한 물량을 처분해야 했고 투자금의 규모가 매우 큰 바람에 며칠 동안 감내해야 했던 피해금액이 무려 1,000만 원이 넘었다.

아무쪼록 우리 독자 여러분은 필자처럼 어리석은 실수를 저지르지 않았으면 하는 마음에 부끄러운 과거사를 잠시 펼쳐봤다.

≡4≡
가치주에 투자할까?
성장주에 투자할까?

　이제 막 주식 투자를 시작한 초보 투자자도 가치주와 성장주라는 말은 들어봤을 것이다.

　코카콜라(KO), 존슨앤드존슨(JNJ), P&G로 알려진 프록터앤드갬블(PG) 처럼 오랜 역사와 전통을 자랑하며 철저한 검증과정을 거쳐 이미 우량 기업으로 자리 잡은 기업의 주식들을 지칭하는 단어가 '가치주'이며, 다가오는 미래 또는 전망이 밝은 산업분야에서 눈부신 성장을 보여주고 있는 테슬라(TSLA), 스퀘어(SQ), 쇼피파이(SHOP)와 같은 종목을 일컫는 말이 '성장주'라고 정리할 수 있다.

　가치주 투자와 성장주 투자에 대한 논쟁은 오랜 시간 지속되어 왔고 코로나19로 뒤죽박죽된 경제 상황이 시간이 흘러 회복되는 국면에서도 아직 현재 진행 중이다.

　다음은 S&P500에 편입되어 있는 500개 기업을 크게 성장주와 가치주로 나누고, 두 그룹의 주가가 지난 25년 동안 어떠한 변화를 보여 왔는지를 나타낸 차트다.

[가치주와 성장주의 주가 변동 추이]

가치주 대 성장주
1995년부터 2020년까지의 주가 변동 추이(카테고리별 병합한 주가)

• 출처: brewin.co.uk

시대에 따라 성장주가 앞서갈 때도 있었고, 2000년도 이후에는 상당히 오랜 시간 동안 가치주의 약진이 돋보이던 시기도 있었다. 2014년 이후부터는 가치주의 주가 상승이 성장주를 따라가지 못한다는 것을 알 수 있다. 또한, 최근 들어서는 두 그룹 간의 격차가 다소 벌어진 것으로 확인되고 있다.

이렇게 성장주의 주가 상승이 가치주에 비해 월등히 높은 모습을 보여주자 한편에서는 이제 그동안 부진했던 가치주의 주가가 올라갈 차례라고 주장하는 사람들이 있고, 반면 이제는 성장주가 주도하는 시대가 도래했으며 앞으로도 계속 성장주 위주의 투자가 높은 수익률을 보장할 것이라고 주장하는 사람들도 있다.

물론 필자도 나름대로의 주관적인 선호분야와 나름대로의 논리를 갖고 있으나 이러한 논쟁에 종지부를 찍을 만한 객관적인 정답을 갖고 있지는 않다. 하지만 적어도 이 책을 읽고 독자 여러분이 가치주 투자와 성장주

[가치주 투자 대 성장주 투자]

	가치주 투자	성장주 투자
캐치프레이즈	BUY LOW, SELL HIGH	LONG-TERM BUY & HOLD
투자 대상	저평가 종목	고성장 종목
투자 리턴	기업의 현재 가치 -기업의 현재 주가	기업의 미래 가치 -기업의 현재 주가
종목 선정의 포인트	기업의 현재 주가	기업의 성장률
투자 기업	저평가 기업	미래 산업군 시장 점유율 1등 기업
	검증된 우량 기업	신생 성장 기업
매수 타이밍	시장의 회복이 시작될 때	기업의 성장이 시작될 때
매도 타이밍	주가가 기업의 가치로까지 올라올 때	기업의 성장동력이 떨어질 때
투자 기간	중기	장기
투자 적기	경기 정체기	경제 성장기
관심 키워드	백신	4차 산업혁명
장점	검증된 기업에 투자 (낮은 위험성)	이론상 제한이 없는 리턴
	안정적인 수익(배당)	종목 선정이 쉽다(성장률에만 집중)
단점	투자 리턴의 제한(Cap)	높은 변동성 & 버블 리스크
	주가 상승의 시기를 알 수 없다	주주 환원 약함
	따분한 투자가 될 수 있음	스트레스가 많은 투자
문제점	투자 종목 선정이 어렵다	투자 시기 선정이 어렵다
리스크 지표	기업 가치 산정의 정확성?	성장률 지표의 정확성?

• 출처: 유튜브 '미국 주식으로 은퇴하기'

투자 간의 근본적인 차이점을 확실히 이해한다면 자신의 투자성향이나 투자철학에 부합하는 종목들을 선정하는 데 큰 힘이 된다고 확신한다. 왜냐하면 가치주와 성장주의 투자방식에는 우리가 생각하는 것보다 차이점이 훨씬 많으며, 이러한 차이점을 이해하면서 투자한다면 일단 성공적인 방향으로 핸들을 고정했다고 생각하기 때문이다. 그런 의미에서 앞의 표 '가치주 투자 대 성장주 투자'에 정리된 내용들은 독자 여러분이 투자 종목들을 선정하는 데 필요·충분한 하나의 기준점이 될 수 있다고 자부한다.

우리가 가치주, 성장주를 떠나 투자를 결정할 때 투자대상인 종목의 분석에 집착하기가 쉬운데, 사실 투자전략의 핵심이며 가장 먼저 생각해야 하는 부분은 '어떤 종목에 투자해야 하나?'가 아니라 '투자의 리턴, 즉 수익을 어떻게 만들어낼 것인가?'이다.

가치주 투자는 그 이름에서 알 수 있듯이 기업의 현재 가치에 비해 저평가되어 있는 종목을 찾아내 투자하는 것이 그 기본골자이므로 공식으로 만들면 '가치주 투자 리턴=기업의 현재 가치—기업의 현재 주가'로 정리된다. 반면, 성장주 투자는 현재 주가에 큰 비중을 두지 않고 앞으로 지속적으로 성장할 만한 기업을 발굴해 미래 가치를 바라보면서 투자하므로 '성장주 투자 리턴=기업의 미래 가치—기업의 현재 주가'로 공식화할 수 있다.

이렇듯 '가치주 투자와 성장주 투자에서 수익을 만들어내는 공식은 상이하다'를 이해하는 것이 효과적인 투자전략을 수립하는 데 매우 중요하다. 왜냐하면 이러한 수익구조를 이해해야만 이를 바탕으로 투자 종목 선정부터 시작해서 투자의 매수·매도 타이밍, 투자 기간 설정, 투자 리스크 관리까지 체계적으로 해나갈 수 있기 때문이다.

역시 가장 중요하게 여길 수밖에 없는 부분이 '어떠한 종목에 투자할 것인가?'이므로 투자 종목을 선정하는 과정에서 가장 중요하게 생각해야 하는 포인트도 투자수익을 창출하는 공식에 따라 차별화되어야 한다.

우리가 만약 가치주 투자를 계획하고 있다면 종목 선정의 포인트는 당연히 '기업의 현재 주가'에 있어야 한다. 가치주 투자로 수익을 창출하기 위해서는 기업의 내재 가치에 비해 저평가되어 있는 종목을 찾아서 투자해야 하므로, '현재 해당 종목의 주가가 기업 가치에 비해 얼마나 떨어져 있는 상태인가?'가 가치주 투자의 종목을 선정하는 데 가장 중요한 기준이 되어야 한다는 말이다. 반면, 성장주 투자를 계획하고 있다면 투자 종목 선택의 핵심은 다름 아닌 관심 종목이 보여주고 있는 매출(Revenue)이나 순이익(Net Income)의 성장률이어야 한다.

투자 종목의 선택만큼 중요한 매수·매도 타이밍도 마찬가지다. 가치주 투자의 좋은 기회들은 보통 경기가 침체하는 등의 어려운 시기에 찾아온다. 즉, 기업의 근본적인 가치는 변화가 없는데 경제 상황 등의 외부적 영향으로 기업의 주가가 내재 가치에 비해 떨어지는 상황이 발생할 때 가치주를 매수할 찬스가 찾아오는 것이다. 우리가 성장주에 투자한다면 주식의 매수 시점 선택은 전혀 다른 방식으로 접근해야 한다. 관심 리스트에 들어 있던 특정 기업의 매출이나 순이익의 규모가 어떠한 계기로 인해 급격한 성장을 보이는 시점이 적절한 매수 시점이라고 볼 수 있다.

가치주와 성장주는 주식의 투자 기간이나 매도 시점에 있어서도 완전히 다른 전략을 사용해야 한다. 가치주의 경우 저평가된 주가가 시간이 지나면 결국 기업의 내재 가치를 따라잡을 것이라는 전제를 갖고 투자하는 것이기 때문에 '기업 주가=기업 가치'가 찾아오는 시점이 이론적으로 최상의 매도 시점이 된다. 따라서 가치주의 투자 기간은 성장주에 비해 짧게 진행

될 가능성이 높다. 물론 보유하고 있는 가치주의 주가가 생각만큼 회복이 빠르지 않으면 본의 아니게 장기간 '존버(존경받을 정도로 버티기)'해야 하는 경우도 자주 발생한다.

반면, 성장주의 매도 시점은 매우 단순하다. 기업이 보여주고 있던 매출이나 수익의 성장이 멈추거나 주춤하는 시기가 오면, 그 주식의 투자 가치는 당연히 떨어진다. 이러한 이유로 성장주 투자는 가치주에 비해 장기적으로 진행될 가능성이 상당히 높다. 20년 전부터 애플(AAPL)에 베팅했던 투자자들은 아직까지도 그 주식을 보유하고 있을 가능성이 높다. 왜냐하면 애플(AAPL)의 성장은 아직도 현재 진행형이기 때문이다.

필자는 개인적으로 성장주가 가치주보다 쉬운 투자 종목이라고 생각한다. 성장주 투자는 '성장률'이라는 하나의 평가항목만 꾸준히 지켜보면 되기 때문이다. 월스트리트의 애널리스트들이 꾸준히 업데이트해주는 기업의 매출이나 순이익의 예측치가 어떻게 변화하는지, 3개월에 한 번씩 발표되는 기업의 어닝(Earnings)은 시장의 기대치를 초과했는지, 아니면 밑돌았는지 등 정도만 관심을 갖고 지켜본다면 성장주 투자는 크게 실패할 확률이 없다고 생각한다. 반면, 가치주 투자는 훨씬 더 복잡하다. 기업의 내재 가치와 기업의 주가를 비교해 종목을 선택해야 하기 때문에 기업의 내재 가치를 정확하게 측정하는 과정이 선행되어야 하는데 이것이 만만치가 않다.

물론 전문가들이 통상 이용하는 기업의 내재 가치 계산법이 있기는 하다. 가장 많이 사용되는 방법으로는 현금 흐름 할인법(Discounted Cash Flow Valuation Model)이라는 산출법이 있는데 그 공식이 너무 복잡해 개인 투자자들이 이해하고 사용하기에는 사실상 불가능하다. 여기서 《현명한 투자자》의 저자이며 '가치 투자'라는 투자방식의 창시자로 유명한 벤저민 그레이엄(Benjamin Graham)이 기업의 내재 가치를 산출해내기 위해 만든 공식은 다음과 같다.

[벤저민 그레이엄의 공식]

$$V = \frac{EPS \times (8.5 + 2g) \times 4.4}{Y}$$

- V: 기업의 내재 가치 / EPS: 기업이 만들어낸 지난 12개월 동안의 주당 순이익 / 8.5: 성장이 멈춘 기업들 기준 주가 순이익 비율 / g: 향후 5년간 기대되는 기업의 성장률 / 4.4: 벤저민 그레이엄이 공식을 만든 1962년 당시 투자 적격 등급 중 최고인 AAA 등급의 회사채 평균 수익률(회사채의 기간에 대해서는 언급이 없었으나 20년 상환 채권을 기준으로 했다고 함) / Y: 현 시점에서의 AAA 등급의 회사채 평균 수익률
- 출처: seekingalpha.com

하지만 벤저민 그레이엄이 맹활약을 하던 1940년대에는 성장주라는 개념이 도입되기 이전이라서 가치주의 기업 가치를 계산하는 데 있어 2가지의 수치가 너무 높게 반영됐다는 의견이 지배적이다.

가치주들의 기본 PE Ratio(주가 순이익 비율)로 사용된 '8.5'가 너무 공격적인 수치이며, g(향후 5년간 기대되는 평균 성장률)에 2를 곱해주는 것도 현재의 가치주 성장률을 생각해볼 때 지나치게 과도하게 반영됐다는 것이다. 그래서 현대판 벤저민 그레이엄의 공식은 다음과 같이 변형되어 사용되고 있다.

[현대판 벤저민 그레이엄의 공식]

$$V = \frac{EPS \times (8.5 + 2g) \times 4.4}{Y}$$

(handwritten annotations: 7, 1.5 over the 8.5 and 2g terms; "20yr corp" under Y)

• 출처: seekingalpha.com

이제 미국의 대표 은행 중 하나인 뱅크오브아메리카(BAC)를 벤저민 그레이엄의 공식에 대입해서 내재 가치를 구해보려고 한다. 계산식에 필요한 정보는 다음과 같이 정리된다(Forward는 향후 12개월의 예상치).

- EPS(주당 순이익): 1.56달러(Forward)
- 7.0: 가치주들의 기본 PE Ratio
- g(Expected Growth Rate, 향후 5년간 평균 성장률): 8.0%
- Y(Risk Free Rate, 안전 자산의 투자 리턴): 2.30%(20 year AAA rated corporate bonds)

위의 수치들을 대입해서 뱅크오브아메리카의 기업 내재 가치를 구해보면 다음과 같다.

{1.56×(7.0+1.5×8.0)×4.4}÷2.3=(약) 56.7달러

집필 당시 뱅크오브아메리카의 주가가 26달러가 채 되지 않았으므로 뱅

크오브아메리카의 PIV Ratio(Price/Intrinsic Value Ratio)는 0.46 정도에 머물고 있다.

이번에는 버크셔해서웨이(BRK.B)의 기업 내재 가치를 구해 뱅크오브아메리카와 비교해보자.

- EPS(주당 순이익): 7.89달러(Forward)
- g(Expected Growth Rate, 향후 5년간 평균 성장률): 12.0%

{7.89×(7.0+1.5×12.0)×4.4}÷2.3=(약) 377.35달러

집필할 당시에는 버크셔해서웨이의 주가가 220달러 정도에 머물고 있었으므로, 버크셔해서웨이의 PIV Ratio는 0.58 정도로 계산된다.

가치주 투자의 정석에 따르면 두 종목 모두 투자의 적기라고 판단할 수 있으나 기업의 내재 가치에 비해 주가가 많이 하락해 있는 뱅크오브아메리카가 좀 더 매력적인 투자 종목이라고 결론을 낼 수 있다.

≣5≣
미주은이 알려주는
가치주 평가방법

앞에서 벤저민 그레이엄의 공식을 이용해 기업의 내재 가치를 측정하는 방법을 살펴봤다. 이번에는 가치주의 예상 주가를 좀 더 심플하게 계산하는 방법인 멀티플방식(Multiple Method)을 소개하고자 한다.

멀티플방식을 이용한 예상 주가 계산은 매우 간단하다. EPS(주당 순이익)에 PE Ratio(주가 순이익 비율)을 곱하면 주가를 구할 수 있다는 원리를 이용한 것인데, 기업의 매출이나 수익이 성장하면 해당 기업의 주가는 비슷한 비율로 성장한다는 논리를 근거로 한다. 여기서 EPS는 예상 주가를 구하고자 하는 해당 연도에 기대되는 예상치를 사용하고 PE Ratio는 이 특정 종목에 대해 투자자들이 보통 어느 정도의 프리미엄을 기꺼이 지불하는지가 중요하므로 과거 5년 혹은 10년 치의 평균을 대입한다.

다음의 공식을 이용해 뱅크오브아메리카(BAC)와 버크셔해서웨이(BRK. B)의 2022년 말까지 기대할 수 있는 예상 주가를 함께 구해보자.

[Multiple Method 가치주 예상 주가 산출법]

2년 후 예상 주가 =
EARNING PER SHARE(2년 후 예상 EPS)
×PRICE/EARNING RATIO(과거 5년 평균 PER)

• 출처: 유튜브 '미국 주식으로 은퇴하기'

먼저 계산에 필요한 두 기업의 2022년 말 예상되는 EPS는 앞에서 소개
한 시킹알파에서 찾을 수 있다.

[뱅크오브아메리카 예상 EPS]

Fiscal Period Ending	EPS Estimate	YoY Growth	Forward PE	Low	High	#of Analysts
Dec 2020	1.56	-46.72%	16.15	1.24	1.80	22
Dec 2021	2.16	38.29%	11.68	1.34	3.42	24
Dec 2022	2.76	28.03%	9.12	2.35	3.06	14

• Fiscal Period Ending: 회계 연도 / EPS Estimate: 예상 주당 순이익 / YOY Growth: 해당 연
도 주당 순이익 성장 기대치 / Forward PE: 예상 순이익 주가 비율 / Low: 해당 연도 주당 순
이익 예상치 중 가장 낮은 수치 / High: 해당 연도 주당 순이익 예상치 중 가장 높은 수치 / #of
Analysts: 예상 수치 산정에 참여한 애널리스트의 수
• 출처: seekingalpha.com

[버크셔해서웨이 예상 EPS]

Fiscal Period Ending	EPS Estimate	YoY Growth	Forward PE	Low	High	#of Analysts
Dec 2020	7.89	-19.31%	27.65	4.69	9.74	3
Dec 2021	10.94	38.62%	19.95	10.90	11.00	3
Dec 2022	11.97	9.43%	18.23	11.80	12.14	2

• 출처: seekingalpha.com

과거 5년간의 평균 PE Ratio는 앞에서 잠깐 살펴봤던 마크로트렌즈에서 지난 5년간의 데이터를 찾은 후에 다음에 나와 있는 것처럼 필자가 직접 그 평균값을 구해봤다.

[뱅크오브아메리카, 버크셔해서웨이 과거 PER]

BANK OF AMERICA PE Ratio Historical Data				BERKSHIRE HATHAWAY PE Ratio Historical Data			
Date	Stock Price	TTM EPS	PE Ratio	Date	Stock Price	TTM EPS	PE Ratio
9/18/2020	25.21		12.18	9/18/2020	218		23.9
6/30/2020	23.58	$2.07	11.39	6/30/2020	179	$9.13	19.55
3/31/2020	20.94	$2.44	8.58	3/31/2020	183	$3.99	45.82
12/31/2019	34.51	$2.74	12.59	12/31/2019	227	$33.24	6.81
9/30/2019	28.43	$2.70	10.53	9/30/2019	208	$10.99	18.93
6/30/2019	28.08	$2.80	10.03	6/30/2019	213	$11.76	18.13
3/31/2019	26.57	$2.69	9.88	3/31/2019	201	$10.89	18.45
12/31/2018	23.61	$2.61	9.05	12/31/2018	204	$1.62	126.04
9/30/2018	28.07	$2.11	13.3	9/30/2018	214	$25.12	8.52
6/30/2018	26.73	$1.93	13.85	6/30/2018	187	$19.25	9.7
3/31/2018	28.32	$1.76	16.09	3/31/2018	199	$16.11	12.38
12/31/2017	27.77	$1.55	17.91	12/31/2017	198	$18.22	10.88
9/30/2017	23.74	$1.75	13.56	9/30/2017	183	$7.58	24.18
6/30/2017	22.61	$1.68	13.46	6/30/2017	169	$8.85	19.14
3/31/2017	21.91	$1.58	13.87	3/31/2017	167	$9.15	18.22
12/31/2016	20.47	$1.38	14.83	12/31/2016	163	$9.77	16.68
9/30/2016	14.44	$1.26	11.46	9/30/2016	144	$9.44	15.3
6/30/2016	12.19	$1.22	9.99	6/30/2016	145	$10.34	14
3/31/2016	12.38	$1.31	9.45	3/31/2016	142	$9.94	14.27
12/31/2015	15.35	$1.37	11.21	12/31/2015	132	$9.77	13.51
과거5년 평균 PE RATIO			12.16	과거5년 평균 PE RATIO			22.66

- PE Ratio Historical Date: 과거 5년간의 주가 순이익 비율 변동 상황 / Date: 해당 분기 / Stock Price: 주가 / TTM EPS: 과거 12개월 동안의 평균 주당 순이익 / PE Ratio: 해당 분기의 주가 순이익 비율
- 출처: 유튜브 '미국 주식으로 은퇴하기'

먼저 뱅크오브아메리카의 경우, 시킹알파에 따르면 2022년 말 예상 EPS는 2.76달러다. 여기에 과거 5년치 PER 12.16을 곱하면 33.56달러 정도가 나온다. 현재 주가를 26달러로 잡으면, 향후 2022년 말까지 기대되

는 주가의 상승은 (약) 29.1%[=(33.56−26.00)÷26.00]가 예상된다.

반면, 버크셔해서웨이의 경우 2022년 말 예상 EPS가 11.97달러로 나와 있고, 과거 5년치 PER이 22.66이므로 2022년 말에 기대해볼 수 있는 주가는 271.24달러(=11.97×22.66) 정도가 된다. 현재 주가가 220달러 전후에서 형성되고 있으므로, 향후 2년간 주가 상승은 23.3% 정도가 되는 셈이다.

결과적으로 멀티플방식을 이용해 산정한 예상 주가를 비교해서 현재 주가를 기준으로 투자 매력이 더 높은 쪽도 역시 뱅크오브아메리카라고 결론을 낼 수 있겠다.

≡6≡
미주은이 알려주는
성장주 평가방법

그렇다면 성장주의 투자 가치는 어떤 방법으로 평가 혹은 측정할 수 있을까? 성장주에 속하는 기업 중에는 아직 순이익(Net Income)을 만들지 못하고 적자 경영을 하는 기업이 많다. 그리고 순이익을 만든다고 해도 아직 안정적이지 못한 채 들쭉날쭉한 경우가 매우 잦다. 성장 기업은 기업 비즈니스의 발전 속도를 극대화하기 위해, 혹은 비즈니스 모델의 확장을 위해 순이익을 일부러 줄여가면서까지 기업의 미래에 투자하는 경우가 허다하다. 따라서 성장주의 경우 가치주처럼 기업의 주당 순이익(EPS), 주가 순이익 비율(PER)을 곱해서 기업의 주가를 예상하기는 어렵다.

그래서 고안된 것이 순이익(Earning) 대신 매출(Revenue=Sales)을 이용한 주가 산정공식이다. 성장주의 예상 주가를 계산하기 위해서는 다음 페이지에 나와 있는 것처럼 EPS(주당 순이익) 대신 RPS(주당 매출액)를, PE Ratio(주가 순이익 비율) 대신 PS Ratio(주가 매출 비율)를 대입한다.

[Multiple Method 성장주 예상 주가 산출법]

2년 후 예상 주가(성장주) =

REVENUE PER SHARE(2년 후 예상 RPS)
×PRICE/SALES RATIO(과거 5년 평균 PSR)

• 출처: 유튜브 '미국 주식으로 은퇴하기'

그러면 대표적인 성장주인 애플(AAPL)과 아마존(AMZN)의 수치를 갖고 두 종목의 예상 주가를 직접 계산해보자.

먼저 공식에 대입할 두 기업의 2022년 말 예상되는 RPS를 찾아야 하는데, 기업의 RPS를 직접 제시하는 주식 사이트는 없으므로 시킹알파에서 찾을 수 있는 2022년 말 예상 매출을 현재 발행되어 있는 주식 수(Shares Outstanding)로 나눠 구하는 과정이 추가된다.

다음 표를 보면 알 수 있듯이, 성장주를 평가할 때 대입하는 수치는 가치주와 약간의 차이가 있다. 가치주를 평가할 때는 EPS Estimate(예상 주당

[애플 예상 매출]

Fiscal Period Ending	Revenue Estimate	YoY Growth	FWD Price/ Sales	Low	High	#of Analysts
Dec 2020	272.87B	4.88%	6.70	262.36B	280.36B	35
Dec 2021	307.21B	12.59%	5.95	255.80B	331.53B	35
Dec 2022	323.36B	5.26%	5.65	289.05B	346.04B	19

• Fiscal Period Ending: 회계 연도 / Revenue Estimate: 예상 매출 / YOY Growth: 해당 연도 주당 순이익 성장 기대치 / FWD Price/Sales: 예상 매출 주가 비율 / Low: 해당 연도 주당 순이익 예상치 중 가장 낮은 수치 / High: 해당 연도 주당 순이익 예상치 중 가장 높은 수치 / #of Analysts: 예상 수치 산정에 참여한 애널리스트의 수

• 출처: seekingalpha.com

순이익) 수치가 필요했는데, 성장주 평가에는 Revenue Estimate(예상 매출)을 Shares Outstanding(발행 주식 수)로 나눈 RPS Estimate(예상 주당 매출)을 사용한다. 또한, PE Ratio 대신 Price/Sales(매출 주가 비율)의 과거 데이터를 사용한다. 이와 같은 차이는 앞에서 언급했듯이, 성장주 기업 중에는 연구 개발비 등 성장을 위한 비용에 매출의 상당 부분을 재투자하는 기업이 대부분이기 때문에 기업이 만들어내는 순이익의 증가 추세로는 기업의 미래 가치를 제대로 측정하기가 어렵기 때문이다. 따라서 성장주의 경우 가치주처럼 기업의 주당 순이익(EPS), 주가 순이익 비율(PER)을 곱해서 기업의 미래 주가를 산출할 수 없고, 그 대신 주당 매출(RPS)과 주가 매출 비율(PSR)을 곱해서 기업의 미래 주가를 계산하게 된다.

앞의 표를 보면, 2022년에 예상되는 애플의 총매출은 323.36B달러(약 3,234억 달러)로 나와 있다(B는 빌리언 달러로 1빌리언 달러는 10억 달러다). 이 수치를 현재 발행되어 있는 주식 수(17.1B)로 나누면, 2022년 애플의 RPS는 18.91달러가 나온다.

다음 페이지 표는 아마존의 예상 매출이다. 2022년에 예상되는 아마존의 총매출은 511.43B달러(약 5,114억 달러)로 나와 있다. 이 수치를 현재 발행되어 있는 주식 수(500.89M)로 나누면(여기서 M은 100만의 밀리언을 의미함), 2022년 아마존의 예상 RPS는 1,021.04달러가 된다.

두 성장주의 예상 주가를 산정하기 위해서는, 과거 5년간의 평균 PS Ratio(주가 매출 비율)가 필요한데 이 수치는 가치주와 마찬가지로 마크로 트렌즈에서 지난 5년간의 데이터를 취합한 다음, 다음 페이지에서 확인할 수 있는 것처럼 필자가 직접 그 평균값을 계산했다.

[아마존 예상 매출]

Fiscal Period Ending	Revenue Estimate	YoY Growth	FWD Price/ Sales	Low	High	#of Analysts
Dec 2020	368.40B	31.33%	4.02	359.41B	380.76B	42
Dec 2021	433.41B	17.64%	3.42	391.10B	477.82B	47
Dec 2022	511.43B	18.00%	2.89	473.56B	574.00B	28

• 출처: seekingalpha.com

우선, 애플을 살펴보면 시킹알파에서 취합한 2022년 말 예상 매출을 총 발행 주식으로 나눠 계산한 RPS(주당 매출액)가 18.91달러였다. 여기에 과

[애플, 아마존 PSR]

APPLE PS Ratio Historical Data			
Date	Stock Price	TTM RPS	PS Ratio
9/18/2020	106.84		6.97
6/30/2020	91.03	$15.33	5.94
3/31/2020	63.29	$14.83	4.27
12/31/2019	72.91	$14.61	4.99
9/30/2019	55.44	$13.87	4.00
6/30/2019	48.81	$13.57	3.60
3/31/2019	46.66	$13.35	3.50
12/31/2018	38.58	$13.28	2.91
9/30/2018	55.02	$13.14	4.19
6/30/2018	44.96	$12.50	3.60
3/31/2018	40.59	$11.97	3.39
12/31/2017	40.78	$11.46	3.56
9/30/2017	37.01	$10.86	3.41
6/30/2017	34.44	$10.49	3.28
3/31/2017	34.22	$10.25	3.34
12/31/2016	27.47	$10.02	2.74
9/30/2016	26.67	$9.74	2.74
6/30/2016	22.43	$9.83	2.28
3/31/2016	25.42	$10.04	2.53
12/31/2016	24.42	$10.25	2.38
과거5년 평균 PS RATIO			3.68

AMAZON PS Ratio Historical Data			
Date	Stock Price	TTM RPS	PS Ratio
9/18/2020	2954.91		4.65
6/30/2020	2758.82	$636.13	4.34
3/31/2020	1949.72	$587.50	3.32
12/31/2019	1847.84	$557.31	3.32
9/30/2019	1735.91	$528.59	3.28
6/30/2019	1893.63	$502.67	3.77
3/31/2019	1780.75	$482.39	3.69
12/31/2018	1501.97	$465.96	3.22
9/30/2018	2003.00	$443.81	4.51
6/30/2018	1699.80	$419.44	4.05
3/31/2018	1447.34	$390.81	3.70
12/31/2017	1169.47	$361.20	3.24
9/30/2017	961.35	$328.95	2.92
6/30/2017	968.00	$307.86	3.14
3/31/2017	886.54	$293.66	3.02
12/31/2016	749.87	$281.33	2.67
9/30/2016	837.31	$265.90	3.15
6/30/2016	715.62	$251.49	2.85
3/31/2016	593.64	$237.25	2.50
12/31/2016	675.89	$225.55	3.00
과거5년 평균 PS RATIO			3.42

• PS Ratio Historical Date: 과거 5년간의 주가 매출 비율 변동 상황 / Date: 해당 분기 / Stock Price: 주가 / TTM RPS: 과거 12개월 동안의 평균 주당 매출 / PS Ratio: 해당 분기의 주가 매출 비율

• 출처: 유튜브 '미국 주식으로 은퇴하기'

거 5년 치 PSR(주가 매출 비율) 평균 3.68을 곱하면 예상 주가가 69.6달러로 나온다. 집필 당시 애플의 주가가 105달러 정도였으므로 앞으로 애플의 주가는 33.7%가 하락한다는 결론이 나온다. 즉, 과거의 PSR로는 더 이상 애플의 주가를 예상해낼 수 없다는 것이 필자의 생각이다.

아마존도 한번 살펴보자. 2022년 말 예상 RPS가 1021.04달러로 나와 있고 과거 5년 치 PSR 평균이 3.42가 나오므로, 2022년 말 우리가 기대할 수 있는 주가는 3,491.96달러(=1,021.04×3.42) 정도가 된다. 집필 당시 아마존의 주가가 2,900달러 전후에서 형성되고 있으므로, 향후 2년간 주가 상승은 20.4% 정도를 예상할 수 있다. 따라서 과거의 RPS 수치를 멀티플 방식에 대입한 결과에 따르면 현재 주가 기준, 투자 매력이 더 높은 쪽은 단연 아마존이다.

여기서 하나 더 고려해야 할 점은, 현재 애플과 아마존에 부여되어 있는 높은 프리미엄의 정당성이다. 다시 말해, 애플의 경우 과거 5년 평균 PSR은 3.68인데 반해, 현재 PSR은 6.97이라는 높은 프리미엄을 보이고 있는데, 몇 년 후에도 이렇게 높은 PSR을 유지할 수 있을 것이냐의 문제다. 만약 투자자들이 과거의 애플보다 지금의 애플, 그리고 미래의 애플이 좀 더 투자 매력이 높다고 인식한다면, 당분간 6.97이라는 높은 PSR이 유지될 가능성도 배제할 수는 없다. 애플이 향후 2년 동안 현재의 높은 PSR을 유지할 수 있다면, 2022년 말 예상 주가는 131.80달러(=18.91×6.97)까지 올라가게 된다. 69.6달러와 131.8달러 중 어느 방향으로 애플의 주가가 흘러갈지는 향후 애플이 투자자들에게 어떠한 모습을 보이느냐에 달렸다.

4장

미국 주식,
어디에 투자해야 하나?

이 책의 내용에서 가장 어려운 파트가 '3장 미국 주식, 이것만 알면 바로 시작할 수 있다'라고 생각한다. 집필하는 과정 역시 만만치 않으면서 다소 어려웠는데 공포의 3장을 완독하고 4장으로 넘어왔다면 독자 여러분도 이제 어느 정도는 미국 주식에 투자할 준비가 되어가고 있는 자신을 발견할 것으로 믿는다.

4장에서는 과연 어느 종목에 투자하는 것이 우리에게 최상의 결과를 안겨줄 것인지 함께 고민해보고자 한다. 지금까지의 내용을 볼 때보다는 좀 더 여유를 갖고, 좀 더 즐거운 마음으로 읽어나갈 수 있을 것으로 기대해본다.

본격적으로 투자에 대해 이야기하기 전에 한 가지 확실히 하고 싶은 부분이 있다. 지금부터 필자가 특정 산업섹터, 혹은 특정 기업을 언급하는 경우도 있을 텐데 그것이 주식 종목을 리딩하고자 하는 것은 아니라는 점이다.

필자 역시도 한 사람의 투자자이기 때문에 선호하는 산업, 선호하는 기업이 있기 마련이다. 하지만 4장에서 독자 여러분이 관심을 가져야 하는 부분은 필자가 어떤 기업에 투자하고 있느냐가 아니라, 어떠한 논리 전개와 종목 선정과정을 통해 그러한 종목들을 선택했는지에 대한 것이다. 즉, 선택한 종목보다 그 선택의 과정에 초점을 맞춰 4장의 내용을 읽는다면 나중에 '독자 여러분 스스로가 자신만의 투자논리를 갖고 자신만의 투자전략을 만들어 성공적인 투자를 계획하고 실행할 수 있지 않을까?'라는 욕심 아닌 욕심을 부려본다.

≡1≡
ETF 투자의 모든 것

미국 주식에 투자하기로 결심했다면 가장 먼저 결정해야 하는 것 중 하나가 있다. 개별 종목에 투자할 것인지, 아니면 ETF에 투자할 것인지에 대한 결정이다. 물론 정답은 없다. 하지만 앞에서 잠깐 언급했듯이, 필자는 시장 지수에 투자하는 ETF보다는 개별 종목 투자를 선호한다. 지금부터는 필자가 ETF보다 개별 종목을 선호하는 이유를 나름대로의 논리를 갖고 설명하겠다.

먼저 독자 여러분이 객관적인 판단을 하는 데 있어 도움이 될 수 있도록 ETF에 대한 간단한 소개, 그리고 장점들부터 설명하겠다.

ETF는 Exchange Traded Fund를 줄여서 부르는 용어이며 주식 시장에서 일반 종목처럼 거래가 가능한 투자 신탁 상품이다. 기존 뮤추얼펀드(Mutual Fund)와 유사한 점이 적지 않으나 뮤추얼펀드의 치명적인 단점을 보완해주면서 선풍적인 인기를 얻었다.

다음의 'ETF에 투자하는 이유'는 투자자들이 선호하게 되는 ETF의 장점들을 크게 6가지로 정리한 것이다.

[ETF에 투자하는 이유]

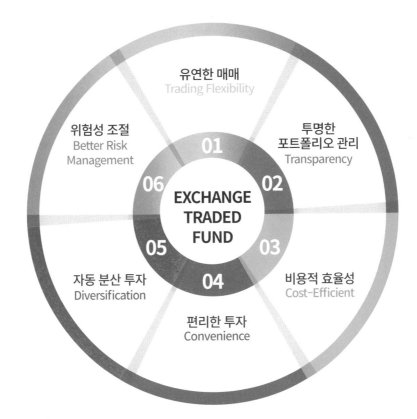

• 출처: paisabazaar.com

첫 번째, 유연한 매매(Trading Flexibility)다. 뮤추얼펀드는 매일 시장이 마감된 후에 그 가격이 정해지고 거래도 하루에 한 번만 가능해서 거래의 제한점이 상당하다. 반면, ETF는 개별 종목과 마찬가지로 시장이 움직이는 동안 계속해서 주가가 변동하며 매매도 장이 열려 있는 동안 아무 때나 가능하다. 따라서 매수·매도의 시점과 가격에 있어서 훨씬 더 유연성과 안전성이 있다.

예를 들어, ETF 투자자들은 장중 시장 가격을 모니터링하면서 시장 가격에 거래를 하기 때문에 매수 혹은 환매 가격을 투자자 자신이 결정할 수 있다. 반면, 뮤추얼펀드는 종가에 의해 결정된 펀드 순자산가치(NAV, Net Asset Value)에 따라 투자하는 바람에 자신이 매수하거나 매도하는 가격을 정확히 알지 못하는 상태에서 투자 결정을 하는 셈이 된다.

두 번째, 투명성(Transparency)이다. 3달에 한 번, 분기별로 보유 종목을 공개하는 뮤추얼펀드에 비해, ETF는 매일매일 홀딩하고 있는 주식들을 업데이트해주기 때문에 지금 내가 투자하고 있는 펀드가 어떤 종목을 사고 파는지 거의 실시간으로 확인할 수 있는 커다란 장점을 갖고 있다.

세 번째, 비용이 효율적(Cost—Efficient)이라는 것이다. ETF의 큰 장점 중 하나가 비용부분이다. 펀드 운용사나 펀드 종류에 따라 비용은 상이하지만 일반적으로 ETF의 매매 수수료가 뮤추얼펀드에 비해 낮게 설정되어 있다. 그리고 뮤추얼펀드는 펀드의 설정이나 해지에 따른 별도 비용이 발생하는 경우도 많다.

네 번째, 편리성(Convenience)이다. ETF는 최소 투자비용과 같은 제약 조건이 없으며 증권사 사이트나 애플리케이션을 통해 클릭 한 번이면 모든 거래가 마무리되는 편리성이 있다.

다섯 번째, 분산 투자(Diversification)라는 점이다. 뮤추얼펀드 역시 제공하는 장점이므로 ETF의 경우에는 개별 종목 투자에 비해 상대적으로 분산 투자에 유리하다고 이해하는 것이 맞겠다.

우리가 개별 종목에 투자를 하다 보면 투자금액의 제한 때문에 분산 투자에 실패하는 경우가 종종 있다. 종목에 따라서는 1주에 몇 백만 원이 넘기 때문에 현재 투자 가능한 금액에 따라서 종목이 선택되는 위험한 상황이 올 수도 있다는 말이다.

ETF에 투자하면 적은 금액으로도 분산 투자가 가능하므로 이러한 문제점을 어느 정도 보완해준다. 1주의 가격이 높은 종목들도 서로 다른 시기에 분할 매수·매도하는 효과를 기대할 수 있으므로, 이 부분은 개별 종목 투자가 가질 수 없는 ETF만의 특별한 투자 매력이라고 할 수 있다.

더 나아가 분산 투자, 분할 매수·매도를 효과적으로 하다 보면 결과적으로 투자의 위험성을 최소화할 수 있는 효과가 있으니(Better Risk Management), 그것이 ETF 투자의 여섯 번째 장점이라고 깔끔하게 정리할 수 있겠다.

앞의 'ETF에 투자하는 이유'에서 언급되지는 않았지만 ETF 투자의 가장 커다란 장점이 또 하나 있다. 개별 종목 투자에 비해 훨씬 더 '패시브 인컴'에 가깝다는 점이다. 즉, 투자자가 특별히 많은 시간과 에너지를 할애하지 않고도 효과적인 주식 투자를 할 수 있다는 관점에서 보면, 독자 여러분의 개인적인 상황, 그리고 투자성향에 따라 ETF는 최선의 투자수단이 될 수 있다.

다음과 같은 고민을 하는 투자자에게는 개별 종목 투자보다는 ETF 투자를 추천하고 싶다.

우선, 주식에 투자할 시간을 확보할 수 있느냐의 부분이다. 개별 종목 투자는 최소 10개가 넘는 종목에 대한 철저한 학습이 선행되어야 한다. 그뿐만이 아니다. 그 이후에는 꾸준하게 기업 실적이나 관련 뉴스들을 모니터링하면서 주요 변수가 감지될 때마다 자신의 포트폴리오에 지속적으로 반영해주는 일련의 과정이 필수적이다. 이는 생각보다 많은 시간이 필요한데 생업에 종사하느라 바쁜 일상을 보내는 직장인이나 소상공인에게는 만만한 문제가 아니다. 따라서 주식 투자에 따로 신경 쓸 시간이 부족하다면 ETF 투자를 권하고 싶다.

다음은 투자금액과 관련한 부분이다. 우리가 좀 더 안정적이고 건강한 주식 투자를 하기 위해서는 여러 종목으로의 분산 투자가 필수적이다. 투자자에 따라 생각하는 적정 종목 수는 차이가 있는데 필자 생각에는 아무리 못해도 최소 10개 종목, 좀 더 욕심을 내자면 20개 정도의 종목에 분산 투자하는 것이 장기적인 투자의 여정을 좀 더 수월하게 만들어준다고 믿는다. 이와 관련해서는 5장에서 좀 더 자세히 설명하겠다.

아무튼 여기서 말하고자 하는 포인트는 아직 투자금액의 규모가 여러 개 종목에 분산 투자를 할 만큼 확보되지 않았다면 2~3개 종목에 몰빵하기보다는 유망한 ETF 1~2개에 투자할 경우 좀 더 안전하고 효과적인 투자를 진행할 수 있다는 점이다.

마지막으로, 가장 중요한 부분인데 시간적인 여유, 일정 수준의 투자금이 확보가 되었어도 개별 종목 투자를 위한 학습, 팔로우 업(Follow Up, 후속 작업) 등 일련의 과정이 고통스러운 투자자에게는 ETF를 강추한다.

필자의 소견으로는 투자자들이 성공적인 개별 종목 투자를 하기 위해서는 그 과정을 즐길 수 있어야 한다. 주식 투자가 작게 봐서는 하나의 취미 생활, 나아가 삶의 활력소가 되어야 한다는 말이다. 투자자에게 있어 주식 투자가 단지 자산 증식을 위한 수단에 불과하다면 주식 투자에 소모되는 시간이나 노력은 최소화하는 것이 좀 더 합리적인 선택이 될 수 있다. 이러한 때는 당연히 개별 종목보다는 ETF 투자가 현명한 투자방식이다.

개별 종목이 아니라 ETF 투자로 마음을 먹었다면, 이제 어떤 ETF에 투자할 것인지 결정해야 한다. 시장 분석 전문기관인 스타티스타(Statista)에 따르면, 현재(2020년) 전 세계 주식 시장에서 7,000개 정도의 ETF가 매매되고 있으며 미국 주식 시장만 봐도 우리가 선택할 수 있는 ETF는 2,000개가 넘는다. 개별 종목과 마찬가지로 각 ETF는 비용, 투자 리스크, 수익률 등이 천차만별인데 독자 여러분이 ETF 선택을 좀 더 수월하게 진행할 수 있도록 ETF 선택 시 고려해야 할 사항들을 정리해봤다.

[ETF 선택 시 고려사항]

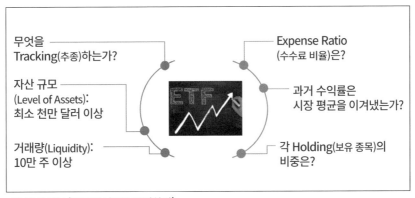

무엇을
Tracking(추종)하는가?

자산 규모
(Level of Assets):
최소 천만 달러 이상

거래량(Liquidity):
10만 주 이상

Expense Ratio
(수수료 비율)은?

과거 수익률은
시장 평균을 이겨냈는가?

각 Holding(보유 종목)의
비중은?

• 출처: 유튜브 '미국 주식으로 은퇴하기'

ETF 선택에 있어, 가장 선행되어야 할 부분은 해당 ETF가 추종하는 대상이다. 생각보다 ETF가 추종하는 대상은 다양하다. 우리가 흔히 생각하는 ETF는 인덱스 ETF(Index ETF), 즉 S&P500이라든지, 나스닥100 같은 지수를 쫓아가는 형태를 보인다. 인덱스 ETF만 해도 특정 국가의 시장 지수를 따라가는 ETF, 특정 산업의 주가를 따라 움직이는 ETF, 심지어는 시장의 지수가 떨어질 때 수익을 올리는 인버스 ETF(Inverse ETF) 등 다양한 상품이 우리의 선택을 기다리고 있다.

ETF는 이러한 시장의 지수 외에도 금, 은, 원유 등 실물을 추종하는 경우가 많은데 이렇게 실물의 가격을 추종하는 ETF를 Commodity ETF라고 부른다. Commodity ETF를 사더라도 실물을 실제로 소유하는 것은 아니고 해당 실물에 대한 가격에 롱 포지션을 가져간다고 이해하면 된다. 앞에서 언급한 귀금속이나 원유 외에도 밀, 옥수수, 콩 등의 가격 변동에 투자하는 농산물 선물 ETF, 환율의 변동에 투자하는 ETF 등 다양한 투자 옵션이 있다. 수익은 투자 시기에 따라 천차만별이니 신중한 접근이 필요한 다소 전문적인 분야다.

그 밖에도 ETF 선택 시 관심을 가져야 할 항목이 많다. 예를 들어, 운용 자산(AUM, Assets Under Management)의 규모는 얼마나 되는지, 평균 거래량(Average Volume)은 일정 수준을 넘어가는지, 수수료 명목의 비용(Expense Ratio)은 몇 퍼센트인지 등을 꼼꼼히 살펴본 후에 ETF 종목을 선택하는 것이 바람직하다.

운용 자산의 경우, 리스크를 최소화한다는 관점에서 최소 1,000만 달러(110억 원) 이상의 규모를 가진 ETF를 추천하고 싶다. 또한 평균 거래량도 최소 10만 주 이상은 확보되어야 투자자가 원하는 시점에 매매가 원활히 이뤄질 수 있다.

당연히 ETF의 가장 중요한 선택 기준은 '수익률'인데, 여기서 가장 중요한 투자 포인트는 해당 ETF의 과거 수익률이 시장을 이겨냈는지 여부다. 과거에도 시장의 평균 수익률을 밑돌았다면 미래에도 특별히 만족스러운 투자수익을 기대하기는 어렵기 때문이다. 과거 10년, 5년, 3년, 1년의 수익률을 시장 평균과 비교해보면 내가 투자할 ETF의 수익률이 꾸준히 시장의 평균을 상회하고 있는지, 아니면 과거 실적에 비해 최근 1~3년의 수익률이 상대적으로 떨어지는 추세에 있는지 한눈에 평가해볼 수 있다.

ETF 수익률 확인은 너무나 중요한 내용이기 때문에 독자 여러분의 이해를 돕기 위해 간단한 예를 들어 살펴보겠다.

다음 그림은 과거 10년간 SOXX(iShares PHLX Semiconductor ETF)가 보여준 연간 평균 수익률을 시장의 평균이라 볼 수 있는 S&P500 지수를 추종하는 SPY(SPDR S&P500 Trust)와 비교한 자료이다.

[SPY 대 SOXX 수익률 비교]

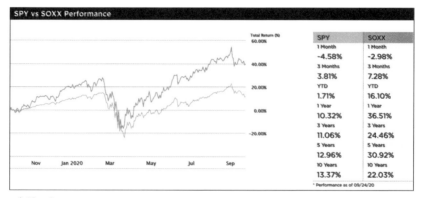

• 출처: etf.com

우선 쉽게 투자자의 눈길을 끄는 부분은 SOXX의 수익률이 과거 10년이나 5년간을 봐도 그렇고, 최근 3년, 1년간 평균 수익률을 봐도 꾸준하게 시장의 평균(SPY) 수익률을 훨씬 상회하고 있다는 점이다. 여기에서 조금만 더 깊숙이 들여다보면, 고무적인 부분을 하나 더 발견할 수 있다. 바로 수익률 변화 추세다.

10년간 평균 수익률은 SOXX가 22.03%, SPY가 13.37%, 즉 수익률의 차이를 따져보면 64.8% 정도로 나타난다. 이러한 수익의 차이는 최근에 와서 좀 더 심하게 벌어지고 있음을 알 수 있다. 즉, 과거 3년간 평균 수익률을 비교해보면, SOXX는 무려 24.46%를 기록한 반면, 시장 평균인 SPY 수익률은 11.06%에 그치고 있어 같은 금액을 투자한 경우 SOXX의 수익이 121% 이상 높았음을 확인할 수 있는 것이다. 과거 1년간의 수익률은 좀 더 확연한 차이를 보이는데 SOXX에 투자한 투자자들은 SPY에 투자한 투자자들에 비해 253% 이상 높은 리턴을 올릴 수 있었다.

이러한 분석을 통해 우리는 SOXX가 지난 10년간 꾸준히 시장 평균보다 훨씬 높은 수익률을 유지해왔음을 확인할 수 있고, 동시에 SPY 수익률과 SOXX 수익률 간의 차이는 시간이 지날수록 계속 벌어지고 있음을 알 수 있다.

우리가 지금부터 SOXX라는 ETF에 투자를 시작할 경우, 향후 시장의 흐름은 누구도 예측할 수 없는 영역이라고 치부해도 적어도 우리가 기대할 수 있는 투자의 리턴은 시장의 수익률보다는 좋게 나올 확률이 매우 높다고 예상해볼 수 있다.

개별 종목 대신 ETF 투자를 결정했다고 해도 각 ETF를 구성하고 수익을 안겨주는 주체는 ETF 자체가 아니라 그 ETF를 구성하고 있는 개별 종목들임을 잊지 말아야 한다. 다시 말해, 최소한 자신이 투자하고 있는 ETF의 주요 구성 종목이 어떻게 되는지는 찾아보고 비중이 높은 종목들에 대해서는 기업의 근본적 가치가 흔들릴 만한 뉴스가 나오는지 확인을 해야 한다는 것이다.

ETF.COM이라는 무료 사이트를 이용하면 앞서 언급했던 ETF 대부분의 과거 수익률과 자산 규모, 평균 거래량, 매매 수수료 등의 주요 정보뿐만 아니라 각 ETF를 구성하는 개별 종목들과 그 구성비율을 쉽게 확인할 수 있다.

다음 'SOXX 상위 10 구성 종목과 비중'은 앞에서 예로 제시했던 SOXX를 구성하는 Top 10의 종목들과 그 종목들이 차지하는 구성비율을 일목요연하게 보여주고 있다. SOXX라는 ETF에 투자를 하고 있다면 적어도 다음에 나와 있는 10개 기업의 실적이나 뉴스에는 최소한의 관심을 갖고 지켜보는 것이 좋다.

[SOXX 상위 10 구성 종목과 비중]

브로드컴(AVGO)	8.19%	마이크론 테크놀로지(MU)	4.43%
인텔(INTC)	8.12%	TSMC(TSM)	4.20%
텍사스 인스트루먼트(TXN)	8.00%	아날로그디바이시스(ADI)	4.07%
퀄컴(QCOM)	7.90%	NXP 세미컨덕터(NXPI)	4.05%
엔비디아(NVDA)	7.69%	램리서치(LRCX)	3.99%
		Total Top 10 Weighting	60.64%

• 출처: etf.com

☰ 2 ☰
내가 ETF에
투자하지 않는 이유

필자는 바로 앞에서 ETF 투자가 제공하는 다양한 혜택과 투자의 장점들을 진심에서 우러나오는 열정을 바탕으로 독자 여러분에게 설명했다. 그럼에도 불구하고, 필자는 ETF에 투자하지 않고 있다.

지금부터는 앞에서 언급되었던 많은 장점이 존재함에도 필자가 군이 개별 종목에 투자하는 이유를 개별 종목 투자와 ETF 투자 간의 차이를 예로 들면서 말하고자 한다. 여기에서 기준으로 활용하고 있는 ETF는 시장의 지수를 따라가는 인덱스 ETF임을 감안하면서 다음 내용을 읽기 바란다.

가장 먼저 ETF의 '투자 유연성'에 관한 부분이다. 쉽게 풀어 설명하면, 투자자나 심지어 운영회사 입장에서도 임의로 원하는 기업을 ETF 리스트에 추가시키거나 위험해 보이는 종목을 누락시킬 수 없다는 단점이 있다.

앞에 나온 'SOXX 상위 10 구성 종목과 비중'을 다시 한 번 보자. 미국 반도체 기업의 주식 종목을 모아 만든 SOXX라는 ETF가 과거 10년간 꾸준히 수익과 성장을 보여준 결과에는 인텔(INTC)의 기여를 빼놓을 수 없다. 그렇기 때문에 SOXX의 구성 종목 중 두 번째로 많은 비중을 인텔이 차지하는 것을 볼 수 있다.

그런데 문제는 2020년 하반기에 들어서면서 인텔이 많은 어려움을 동시에 겪고 있다는 사실이다. 무려 15년 가까이 인텔의 반도체 칩을 사용하던 애플(AAPL)이 '애플 실리콘'이란 자체 설계 칩을 만들어내면서 인텔과의 결별을 선언했고, 2020년 7월 AMD(AMD)의 제2(Zen 2)가 출시된 이후에는 CPU 왕좌의 자리가 심하게 흔들리고 있다. 먹잇감을 찾아 헤매던 뉴스 미디어들은 일제히 '인텔의 몰락'이라는 자극적인 기사를 쏟아내기 시작했고, 당연히 인텔의 주가는 2020년 6월부터 지속적인 하락을 보이고 있다. 이러한 이유로 필자의 많은 지인이 오랜 기간 보유하고 있던 인텔 주식을 처분하기 시작했다.

문제는 ETF 투자자들인데 앞의 'SOXX 상위 10 구성 종목과 비중'에 나와 있는 것처럼 아직도 SOXX 투자자들은 자의 반 타의 반으로 전체 투자 금액의 8%가 넘는 돈을 인텔의 부활에 베팅하고 있는 셈이다. 인텔은 반드시 부활하리라 믿고 있는 투자자라면 별 문제가 없는 상황이지만 인텔의 미래에 대해 부정적인 전망을 갖고 있는 투자자라면 SOXX에 투자를 계속해야 할지 의문이 들 수도 있는 대목이다. 이렇게 일부 종목의 두드러지는 성장세나 하락세에 맞춰 포트폴리오를 조정할 수 없다는 점이 ETF 투자의 첫 번째 단점이다.

두 번째, ETF는 '미래 지향적'이지 못하고 '현재 지향적인 종목 구성'이라는 것이다. 인덱스 ETF 대부분은 종목 구성과 비중에 대한 명확한 규칙이 정해져 있다. 예를 들어, 최고 인기 ETF 중 하나인 QQQ의 경우 나스닥에 편입되어 있는 500여 개의 종목에서 금융부분(Financial Sector)을 제외한 나머지 종목들 중 시가총액 상위 100개로 구성되며 각 종목들이 차지하는 비중 역시 해당 종목의 시가총액 규모에 맞춰 조절한다. 따라서 QQQ에 투자하고 있는 투자자들의 투자 비중은 구성 종목들의 현재 시가총액에 의해 결정된다는 셈이다.

여기서 문제가 생긴다. 지금 시가총액이 높다고 해서 향후 5년, 10년 후를 바라봤을 때 미래 투자 가치가 다른 기업에 비해 우월하다고 볼 수 없다는 점이다.

예를 들어 보겠다. 현재 코로나19 백신 3상 임상실험을 시작한 제약업체가 전 세계적으로 10개가 넘는다. 가까운 미래에는 백신 개발과 출시가 가능해질 확률이 높다는 이야기인데, 그렇게 되면 주식 시장의 주가 변동이 심해질 것으로 예상할 수 있다. 즉, 그동안 록다운(Lockdown, 이동 금지령)[1]이나 야외활동 제한으로 인해 혜택을 받았던, 소위 언택주(언택트 관련 주)[2]들은 단기적으로나마 주춤하는 모습을 보여줄 가능성이 높다. 반면, 코로나19에 대한 공포심으로 인해 많은 피해를 입었던 컨택주(컨택트 관련 주)[3]들, 그리고 '컨택주'들의 매출 하락으로 인해 함께 어려움을 겪었던 B2B 기업(광고회사, 신용카드회사, 장비제조업체 등)들은 비즈니스의 회복과

---

1 코로나19가 확산되는 것을 막기 위해 세계적으로 상용되는 말인데, '철저한 이동 금지령' 정도로 해석이 가능하다.

2 코로나19가 확산됨에 따라 각국 정부가 '사회적 거리 두기'를 강조하면서 이커머스, 원격 의료, 온라인 교육 등 사람들 간의 접촉을 최소화하면서도 비즈니스 운영이 가능한 기업들이 주목을 받았다. 이런 기업의 주식을 통상 '언택주'라고 부른다. 올해 들어 아마존(AMZN)이 최고의 실적을 올리면서 소위 '언택주'의 대장주 역할을 수행하고 있다.

3 '언택주'라는 신조어에 맞서 팬데믹(Pandemic)의 영향을 많이 받고 있는 기업들의 주식을 통칭하는 말이다. 대표적인 예로는 호텔주, 항공주, 소비재주 등이 있다.

함께 주가의 상승도 어느 정도 확신해볼 수 있다.

개별 종목에 투자하는 투자자라면 이렇게 역동적으로 시장이 변화하는 시기에 미래 지향적인 관점에서 자신의 포트폴리오에 변화를 줄 수 있지만 ETF 투자자들은 이런 면에 있어서는 유연한 대처가 어렵다.

필자가 ETF 투자를 멀리하는 세 번째 이유는 앞에서 잠깐 언급했던 '파레토법칙' 때문이다. 파레토법칙은 다른 말로 '80/20 룰'이라고도 부른다. 하나의 집합체가 만들어내는 결과물이나 실적을 분석해보면 최종 결과물의 80% 정도는 그 집합체를 구성하는 20%의 구성원이나 자원, 또는 노력에서 기여된다는 법칙이다.

[파레토법칙]

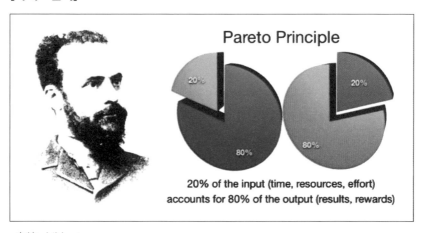

• 출처: phildarst.com

한 식당의 메뉴가 10개의 요리로 구성되어 있다고 해보자. 파레토법칙과 연결해 그 식당의 매출을 분석해보면, 메뉴판에 있는 10개의 요리가 각 10%씩의 매출을 올리는 것이 아니라 가장 인기 있는 메뉴 2개가 전체 매출의 80%를 만들어낼 가능성이 높다는 것이 된다. 기업의 고객 관리도 마찬가지다. 하나의 기업이 비즈니스 파트너로 100여 개의 고객사와 거래를 한다면, 그 고객사들 중에서 20개 정도만 효과적으로 관리해도 전체 매출의 80%는 확보가 될 수 있다는 것이다.

필자가 주식 투자에 있어 ETF를 선호하지 않는 이유도 여기에 있다. 미국 주식 시장에서 매매가 이뤄지는 2,000개가 넘는 ETF에 대해 각종 순위를 매길 때, 운용 자산의 규모를 기준으로 해도, 인기도의 척도인 1일 평균 거래량을 기준으로 해도 단연 1위는 SPY(SPDR S&P500 Trust)다. SPY라는 ETF는 S&P500 지수를 추종하는 인덱스 ETF이다. 우리가 SPY에 투자한다는 것은 바꿔 말하면 미국 시장에서 잘나가는 상위 500개의 우량 기업에 골고루 투자하고 있다는 것을 의미한다.

물론 각 종목의 시가총액 규모에 맞춰 투자 비중이 자동으로 조절되기는 하지만, 그래도 과연 상위 500개의 기업에 분산 투자하는 것이 최선의 선택일까? 80/20 룰을 적용해서 상위 100개 종목에만 투자하는 것이 더 효과적인 방법이 아닐까?

지난 10년간 투자자들에게 최고의 리턴을 선물해준 QQQ도 마찬가지다. 나스닥의 상위 100개 종목에 투자하는 QQQ가 우리에게 주어진 최선의 선택일까? 나스닥 상위 20개 종목이나 가장 확신이 가는 20개 종목을 따로 선정해 투자하는 방법은 어떨까?

필자는 이 질문들에 대한 답을 어느 정도 찾은 상황이다. 비록 정답이 정해져 있지 않은 질문이지만 독자 여러분도 똑같은 질문을 자신에게 하고 논리적으로 고민해보면 좋겠다. 성공적인 투자자로 거듭나기 위한 하나의 과정이 될 수 있을 것이다.

그럼, 마지막까지 소중히 아껴뒀던, 필자가 개별 종목 투자를 선호하는 가장 중요한 이유를 공개하겠다. 바로 '재미'가 있기 때문이다.

필자는 주식 투자가 일이 되어서는 안 된다고 생각한다. 10~20년이라는 긴 시간 동안 거의 매일매일 신경 써야 하는, 우리 삶의 일부가 될 수밖에 없는 것이 주식 투자의 과정인데 이러한 긴 여정이 지루하거나 고통스럽거나 무의미한 시간이 되어서는 안 된다. 이렇게 억지로 인내하는 주식 투자는 성공적인 결과를 만들어낼 가능성 역시 떨어진다고 믿는다. 이왕 주식 투자를 하기로 했으면 그 과정 역시 조금이라도 더 재미있고, 우리 인생을 향상해주고 정서적으로도 만족감을 줄 수 있는, 인생의 플러스 요인이 되어야 한다고 필자는 믿고 있다.

이러한 면에서 ETF는 개별 종목 투자를 따라올 수 없다. 우리가 개별 종목에 투자를 하다 보면, 단순히 주가라는 수치에만 집중하게 되는 ETF 투자에 비해 투자자와 기업 사이에 아주 자연스럽게 강한 유대감이 만들어짐을 느끼고 주주로서의 주인의식이 생기게 된다.

물론 처음에는 내가 투자하고 있는 기업의 분기 보고서를 매번 확인해야 하는 것도 힘에 부칠 수 있다. 하지만 1년, 2년 같은 종목을 계속해서 보유하다 보면 어느새 분기 실적 보고서는 물론, 투자 기업에 관한 모든 기사를 빠뜨리지 않고 살펴보는 단계로 금방 발전할 것이다. 여기서 한 단계 더 업그레이드가 되면 결국 해당 기업이 새로운 제품을 출시하거나 다른 기업과 파트너십을 맺을 때 손뼉을 치며 즐거워하는 자신을 발견할 날이 온다.

'한 기업의 주식에 투자한다'는 그 기업의 지분을 보유하는 것이며 넓은 의미로는 그 기업의 일부를 소유하는 것이다. 따라서 내가 믿고 투자하는 기업이 승승장구하는 모습을 마주할 때 느낄 수 있는 뿌듯함과 정서적 만족감은 주식 투자가 가져다주는 금전적 이익보다 어쩌면 더 커다란 주식 투자의 리턴이라고 생각한다.

3
그래도 강추하는
ETF는?

개인 사정으로 개별 종목에 대한 투자가 어려운 독자에게 '강추'하고 싶은 ETF가 있기는 하다. 주식 투자에 쓸 돈으로 이 책을 구입했으니 이 ETF에 관한 정보 역시 독자 여러분과 아낌없이 공유하고자 한다. 필자가 강추하는 ETF는 투자회사인 아크인베스트에서 운영하는 액티브(Active) ETF들이다.

액티브 ETF는 각종 지수를 수동적으로(Passive) 추종하는 인덱스 ETF 의 반대 개념으로 이해하면 된다. 즉, 시장의 인덱스를 그대로 따르는 전통적인 ETF와는 달리 투자 종목, 투자 비중, 매매 시점 등을 담당 펀드매니저가 재량껏 운용해 시장 평균보다 높은 수익률을 거두는 것을 목표로 한다.

실제로 아크인베스트에서 운용하는 액티브 ETF 5개가 지난 5년 동안 보여준 수익률을 보면, 미국 시장 평균(SPY) 수익률, 나스닥 상위 100개 기업(QQQ) 수익률을 무색하게 만들 정도의 놀라운 성과를 보여주고 있다

(다음의 '아크인베스트의 액티브 ETF 수익률' 참고).

[아크인베스트의 액티브 ETF 수익률]

	티커	ETF 이름	수수료	5년 수익	해당 분야
ARK INVEST ACTIVE ETF	ARKK	ARK Innovation ETF	0.75%	356.14%	Global - Total Market
	ARKW	ARK Next Generation Internet ETF	0.76%	436.77%	Global Internet
	ARKG	ARK Genomic Revolution ETF	0.75%	227.47%	Global Health Care & Medical EQM
	ARKQ	ARK Autonomous Technology & Robotics ETF	0.75%	219.28%	Global Robotics & AI
	ARKF	ARK Fintech Innovation ETF	0.75%	91.53%	Global Technology (2019년 2월 상장)
ARK INVEST INDEX ETF	IZRL	ARK Israel Innovative Technology ETF	0.49%	24.63%	Israel Technology (2017년 12월 상장)
	PRNT	3D Printing ETF	0.66%	15.12%	Global Technology (2016년 7월 상장)
비교	SPY	SPDR S&P 500 ETF Trust	0.09%	68.58%	S&P 500 INDEX
	QQQ	Invesco QQQ Trust (QQQ)	0.20%	161.09%	Nasdaq 100 INDEX

• 출처: 유튜브 '미국 주식으로 은퇴하기'

아크인베스트는 총 7개의 ETF를 운용하고 있다. 그중에서 2개의
ETF(IZRL, PRNT)는 특정 국가와 비즈니스 섹터지수를 추종하는 인덱스
ETF이므로 따로 소개하지는 않겠다. 나머지 ETF 5개는 모두 펀드매니저
가 종목 선정과 매매에 대한 전권과 책임을 갖고 수익을 극대화할 수 있는
액티브 ETF들이며 각 ETF의 특성은 다음과 같다.

- ARK Innovation ETF(ARKK): 특정 산업이나 지역에 얽매이지 않
  고 파괴적인 혁신을 가져올 수 있는 기업이라면 그 규모에 상관없
  이 투자한다. 현재 인공지능, 자율주행, 핀테크, 로보틱, DNA 시
  퀀싱(Sequencing) 등 다양한 분야의 50개 정도 기업에 투자하고
  있다. 전체 포트폴리오에서 비중 1위인 테슬라(TSLA), 2위인 인
  비테(NVTA)가 차지하는 비율은 2020년 10월 초 기준으로 각각
  10.7%, 9.4%이다.

- ARK Next Generation Internet ETF(ARKW): 차세대 인터넷과
  관련된 기업 48개에 분산 투자하고 있다. 포함된 종목의 비즈니

스 모델은 클라우드 서비스, 이커머스, 빅데이터, 인공지능, 사물인터넷, 소셜 플랫폼, 그리고 블록체인 등이다. 가장 높은 비중을 차지하는 종목은 역시 테슬라(10.7%), 두 번째 종목은 로쿠(ROKU, 6.35%)라는 스트리밍 플랫폼회사이다.

- ARK Genomic Revolution ETF(ARKG): 인비테와 같은 유전자 테스팅 관련 기업, 텔레닥헬스(TDOC) 같은 원격 진료 1등 기업, 크리스퍼테라퓨틱스(CRSP)와 같은 유전자 편집 기술분야의 기업을 포함해 40여 개의 혁신적인 헬스케어, 메디컬 장비 기업을 총망라해놓은 ETF다.

- ARK Autonomous Technology & Robotics ETF(ARKQ): 자동화 산업, 로보틱, 자율주행 등의 분야에서 혁신을 이끌어 내고 있는 40여 개의 기업에 투자하고 있는 ETF다. 10.7%의 비중을 차지하는 테슬라가 가장 비중이 높으며 그 밖에도 구글(GOOG), JD.COM(JD), 워크호스그룹(WKHS), 바이두(BIDU), 아마존(AMZN), 엔비디아(NVDA) 등이 포함되어 있다.

- ARK Fintech Innovation ETF(ARKF): 2019년 2월에 데뷔한, 아직 새내기 ETF라고 할 수 있다. 하지만 2년도 채 되지 않아 100%에 가까운 수익률을 보여주면서 앞으로의 성장도 기대된다. 핀테크(Fintech)의 선두주자인 스퀘어(SQ)를 비롯해 질로우(Z), 시리미티드(SE), 알리바바(BABA), 페이팔(PYPL)등 40개 이상의 핀테크 관련 기업으로 구성되어 있다.

다음 페이지의 '미국 ETF 5년 수익 Top 10'은 ETF 전문 사이트인

ETFDB.COM에서 찾은 내용이다. 미국 시장에서 매매되고 있는 2,000여 개의 ETF 중 지난 5년간의 수익률이 가장 탁월했던 Top 10을 순서대로 보여준다.

[미국 ETF 5년 수익 Top 10]

티커	기업명	5년간 총수익	운용 자산 규모	평균 거래량
SOXL	Direxion Daily Semiconductor Bull 3x Shares	1102.62%	$1,540,670.00	986,391
TECL	Direxion Daily Technology Bull 3X Shares	734.58%	$1,821,410.00	514,732
TQQQ	ProShares UltraPro QQQ	625.92%	$7,990,780.00	35,531,793
USD	ProShares Ultra Semiconductors	538.73%	$97,863.60	44,992
ROM	ProShares Ultra Technology	519.01%	$586,375.00	216,229
ARKW	ARK Next Generation Internet ETF	475.99%	$3,026,190.00	742,956
QLD	ProShares Ultra QQQ	392.69%	$3,018,010.00	2,552,583
ARKK	ARK Innovation ETF	388.46%	$10,416,700.00	2,508,180
SOXX	iShares PHLX Semiconductor ETF	294.26%	$3,835,010.00	543,117
FBGX	UBS AG FI Enhanced Large Cap Growth ETN	287.23%	$131,909.00	1,183

• 출처: etfdb.com

아크인베스트에서 운용하고 있는 ARKW는 6위, ARKK는 8위에 이름을 올리고 있다. 좀 더 자세히 보면, 그 순위가 얼마나 대단한 것인지 알 수 있다. 지난 5년간 ARKW보다 수익률이 좋은 1~5위에 랭크되어 있는 5개의 ETF, 그리고 7위에 이름이 올라 있는 QLD라는 ETF는 모두 2~3배의 레버리지를 사용하고 있는 고위험군에 속하는 ETF다. 모든 투자가 리스크는 가능한 한 줄이면서 고수익을 창출하는 것이 기본 원칙인 것을 감안해볼 때, ARKW와 ARKK는 ETF로만 놓고 봐서는 우리가 택할 수 있는 최선의 선택이 아닐까 한다.

필자가 아크인베스트의 액티브 ETF를 추천하는 이유는 단순히 높은 과거의 수익률 때문만이 아니다. 아크인베스트는 홈페이지 첫 화면에 다음과 같은 메시지를 내세우고 있다.

"We Invest Solely In Disruptive Innovation(우리는 오로지 파괴적인 혁신에만 투자한다)."

아크인베스트가 이렇게 혁신만 바라보면서 투자할 수 있는 이유는 단 한 가지, 우리가 혁신이 넘쳐나는 시대에 살고 있기 때문이다.

다음 '이노베이션의 시대'가 들려주는 이야기는, 과거 200~300년에는 잘해야 20년에 한 번씩 찾아오던 세상을 바꿀 만한 혁신의 아이템들이 최근 들어서는 물밀듯이 밀려오는 중이라는 것이다.

[이노베이션의 시대]

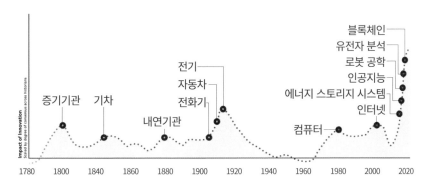

• 출처: ark-invest.com

그런데, 이러한 혁신의 분야가 다양하고 전문적이면서 그 진화 속도까지 빠르게 진행되고 있는 바람에 투자자들이 4차 산업혁명의 주요 트렌드를 충분히 이해하고 투자 가치가 높은 새로운 비즈니스 모델이나 종목을 스스로 찾기 쉽지 않아 보인다. 따라서 혁신의 홍수 시대에 투자자들을 대신해서 방대한 양의 데이터를 취합 및 분석하고 최선의 투자방향을 설정한 다음, 새로운 종목을 발굴해 투자하는 아크인베스트는 4차 산업혁명 시대에 우리를 부자로 만들어줄 수 있는 최고의 투자 동반자로 손색이 없다.

≡ 4 ≡
개별 종목 선정 전에
섹터를 찾아라

여기까지 이 책을 읽은 독자 여러분은 어느 정도 마음속에 자신만의 투자방법에 대한 선호도가 갈리기 시작할 것이다. 조금은 힘든 과정을 거쳐야 하지만 그만큼 재미도 있고 정서적 만족감을 느낄 수 있는 개별 종목 위주의 투자를 할 것인지, 아니면 좀 더 안정적이고 수월하며 효율적인 투자방법인 ETF를 선택할 것인지, 마음의 결정을 할 시간이다. 물론 개별 종목 투자와 ETF 투자를 동시에 진행하는 것도 하나의 방법이 될 수 있다.

앞에서 우리는 2,000개가 넘는 미국 주식 시장의 ETF 중에서 투자 가치가 높은 ETF를 찾아가는 과정을 함께 살펴봤다. 이제부터는 그보다 훨씬 더 복잡할 수 있는 개별 종목 선정의 과정으로 들어가 보겠다. 우리에게 최고의 리턴을 안겨줄 개별 투자 종목을 발굴하기 위해서는 어떠한 과정을 거쳐야 할까?

가장 먼저 이야기하고 싶은 부분이 있다. 종목 선정으로 바로 뛰어들지 말고 조금은 떨어져서 큰 그림을 먼저 살펴보자는 메시지다. 여기서 말하는 큰 그림은 기업들이 속해 있는 산업이나 섹터가 될 수도 있고, 좀 더 범위를 좁혀 비즈니스 모델이나 시장의 규모가 될 수도 있다.

간단한 예를 들자면, 필립모리스(PM)라는 담배 제조회사가 있다. 애연가라면 모를 수가 없는 브랜드 '말보로'를 만드는 회사로, 전 세계 180여 개국에 담배를 판매해서 올리는 연간 매출이 300억 달러(33조 원)가 넘어가는 담배업계의 1등 주자다. 언뜻 보면 안전한 투자처라고 생각할 수도 있다. 하지만 문제는 이 기업이 몸담고 있는 산업 자체가 지난 10~20년간 꾸준한 하향세를 그리고 있다는 점이다. 세계 180여 개국에서 최고의 사랑을 받고 있는 브랜드를 보유하고 있으며 업계 1~2위를 꾸준히 지켜오고 있음에도 불구하고 필립모리스가 매력적인 투자 종목이 될 수 없음은 너무나 자명한 사실이다.

이와 연결해서 보면, 우리가 장기적인 관점에서 투자 가치가 높은 종목을 발굴하기 위해서는 일단 앞으로 다가오는 미래에 다양한 혁신이 발생할 수 있는 산업, 지속적으로 시장의 규모가 성장할 수 있는 섹터를 먼저 찾는 것이 당연한 순서라고 생각된다.

다행히 미국 주식 시장은 투자자들이 산업별 주가 변동과 추세를 쉽게 알아볼 수 있도록 S&P500에 편입되어 있는 500여 개의 기업을 GICS 산업 분류에 따라 다음과 같이 크게 11가지의 섹터로 분류해 놓았다. S&P500 지수에 편입되어 있는 기업들의 시가총액이 미국 증시 전체 시가총액의 80% 정도가 되기 때문에 S&P500의 산업 분류를 이용해서 투자전략을 수립한다면 미국 증시를 전반적으로 커버할 수 있다고 생각한다.

① COND: S&P500 Consumer Discretionary Index(경기소비재)

일반인들이 평소에 가장 많은 소비를 하는 기업들이 포함된 섹터이다. 소비재 중에서 비교적 경기 변동의 영향을 많이 받는 기업들을 포함한다. 유통, 의류, 식료품업, 자동차, 호텔, 미디어 등이 주요 산업분야이며, 대표 종목으로는 아마존(AMZN), 제네럴모터스(GM), 홈디포(HD), 스타벅스(SBUX) 등이 있다.

② CONS: S&P500 Consumer Staples Index(필수소비재)

식료품, 담배, 생필품 유통업체들을 포함하며 경기 변동과 관계없이 일상생활에서 필요한 제품을 파는 기업들이 주를 이룬다. 경기가 하락했을 때에도 사람들이 필수적으로 소비해야 하는 물품들을 생산하기 때문에 주가 방어에 상대적으로 용이하다. 대표적인 기업으로는 코카콜라(KO), 프록터앤드갬블(PG), 코스트코(COST), 월마트(WMT)가 있다.

③ ENRS: S&P500 Energy Index(에너지)

석유, 석탄, 가스 등 에너지 생산 기업들과 시추·정제 기업 등 에너지와 관련된 종목들이 속해 있는 섹터다. 타 섹터에 비해 배당률이 높은 매력이 있으나 글로벌 유가 변동의 영향을 많이 받는다. 주요 종목으로는 엑슨모빌(XOM), 쉐브론(CVX), BP(BP) 등이 있다.

④ FINL: S&P500 Financials Index(금융재)

은행, 증권사, 보험사, 부동산 기업들이 소속되어 있는 섹터이다. 금리에 민감해 장기물 국채 금리가 상승하면 은행들의 대출 실적이 향상되는 효과가 연출되므로 주가도 오르는 특성을 갖고 있다. 대표적인 기업은 JP모건(JPM), 뱅크오브아메리카(BAC), 비자(V), 마스터카드(MA), 버크셔해서웨이(BRK.B) 등이다.

⑤ HLTH: S&P500 Health Care Index(헬스케어)

코로나19 팬데믹 상황에 가장 큰 수혜를 받은 산업군으로 제약, 바이오, 의료기기가 포함된다. 경기 변동에 따른 영향을 비교적 덜 받기 때문에 방어적 성격을 갖고 있으나 의약품 가격 인하를 추진하는 정치권의 압력이 악재로 작용하기도 한다. 대표적인 종목으로는 존슨앤드존슨(JNJ), 메드트로닉(MDT), 암젠(AMGN) 등을 꼽을 수 있다.

⑥ INDU: S&P500 Industrials Index(산업재)

보잉(BA), 제너럴일렉트릭(GE), 3M(MMM) 등 대형주들이 다수 포함되어 있는 섹터로 항공, 기계 및 군수 기업들로 구성되어 있다. 에너지섹터와 마찬가지로 배당률이 상대적으로 높은 편이다.

⑦ INFT: S&P500 Information Technology Index(정보기술재)

짧게 줄여서 '기술재'라고 부르기도 하며 인터넷, 하드웨어 기기, 반도체, 소프트웨어, 데이터 프로세싱 기업 등이 포함된다. 4차 산업혁명을 주도할 기업들이 다수 포진되어 있으며 대표 기업은 역시 애플(AAPL), 마이크로소프트(MSFT), 엔비디아(NVDA) 등이다.

⑧ MATR: S&P500 Materials Index(원자재)

광산, 화학, 건설원자재 생산 기업들과 기본금속, 건설자재 기업들이 소속되어 있는 섹터이다. 주가가 광물 가격 변동의 영향을 많이 받는 경향을 보이며 대표적인 종목에는 듀폰(DD), 다우(DOW) 등이 있다.

⑨ REAL: S&P500 Real Estate Index(부동산·리츠)

리츠(REITs) 기업들이 주를 이루는 섹터다. 리츠 기업들은 전체 수익의 90% 이상을 배당금으로 지급해야 하는 의무를 갖고 있기 때문에 모든 산업군 중 가장 높은 배당률을 보여준다. 모기지 이자율에 민감하기 때문에 금리가 하락하면 주가가 상승하는 특성을 갖고 있다. 대표 종목으로는 리얼티인컴(O), 사이몬프로퍼티(SPG), 아메리칸타워(AMT) 등이 있다.

⑩ TELS: S&P500 Communication Services Index(통신재)

페이스북(FB), 구글(GOOG)이 이끌어 가고 있는 섹터다. 소셜 미디어는 물론, 유·무선, 위성케이블 제공 기업과 각종 방송 및 미디어 기업을 포함하고 있다. 포함된 종목으로는 월트디즈니(DIS), AT&T(T), 넷플릭스(NFLX) 등이 있다.

⑪ UTIL: S&P500 Utilities Index(유틸리티)

수도, 전기, 가스 등의 유틸리티를 공급하는 기업들이 포함되어 있으며 국채 금리 하락 시 주가가 오르는 경향을 보인다. 실물 경제와는 동떨어진 주가 변동을 보이기 때문에 대표적인 경기 방어주로 간주되고 있다. 듀크에너지(DUK), 넥스트라(NEE) 등이 대표적인 기업이다.

지금까지 S&P500에 편입되어 있는 500개의 우량 기업을 크게 11개의 섹터로 분류하는 과정을 살펴봤다. 11개의 섹터 중에서 우리가 투자를 집중해야 할 섹터, 그리고 피해야 할 섹터는 어디일까? 미래를 정확히 예측한다는 것은 불가능에 가까우나 지나온 과거로부터 쌓여온 데이터들을 분석해보면 어느 정도는 어렴풋이 미래의 일들을 전망해볼 수 있다.

다음 페이지의 '11개 섹터의 지난 5년 주가 변동 차트'에서 우리는 앞에서 분류해본 11개의 산업섹터가 2016년에서 2020년까지 각각 어떤 모습의 주가 흐름을 보여 왔는지 한눈에 살펴볼 수 있다.

가장 높은 주가 상승을 보여준 섹터는 노란색으로 표시된 정보기술재

[11개 섹터의 지난 5년 주가 변동 차트]

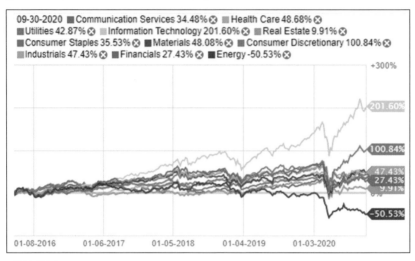

• 출처: fidelity.com

(IT)다. 5년간 201.60%의 성장을 보여줬다. 두 번째로 좋은 퍼포먼스를 보인 섹터는 아마존이 버티고 있는 경기소비재섹터다. 반면, 에너지섹터는 지난 5년 동안 주가의 변동이 −50.53%를 나타내 선뜻 투자금을 투여하기는 어려운 섹터로 보인다.

자, 이번에는 지난 10년간 S&P500의 11개 섹터들이 보여준 연평균 수익률을 살펴보자.

다음의 'S&P500 섹터별 연평균 수익률'은 각 섹터별로 10년간 보여준 주가 변동의 평균값을 보여주고 있다. 즉, 정보기술재(INFT)섹터는 연평균 14.43%의 주가 성장률을, 경기소비재(COND)섹터는 두 번째로 높은 11.91%의 성장을 보여줬다. 이 표에 나와 있는 리턴은 주가의 변동만 나타내고 있으므로, 배당금 등을 모두 포함한 총수익률은 좀 더 올라갈 수

[S&P500 섹터별 연평균 수익률]

산업 티커	산업 지수	연평균 수익률	연최고 수익률	연최저 수익률
COND	S&P 500 Consumer Discretionary Index	11.91%	43.1%	-33.5%
CONS	S&P 500 Consumer Staples Index	8.78%	27.6%	-15.4%
ENRS	S&P 500 Energy Index	-4.48%	34.4%	-34.9%
FINL	S&P 500 Financials Index	-1.06%	35.6%	-55.3%
HLTH	S&P 500 Health Care Index	9.95%	41.5%	-22.8%
INDU	S&P 500 Industrials Index	5.72%	40.7%	-39.9%
INFT	S&P 500 Information Technology Index	14.43%	61.7%	-43.1%
MATR	S&P 500 Materials Index	6.08%	48.6%	-45.7%
REAL	S&P 500 Real Estate Index	4.14%	32.3%	-42.3%
TELS	S&P 500 Communication Services Index	7.35%	32.7%	-30.5%
UTIL	S&P 500 Utilities Index	6.91%	29.0%	-29.0%
S&P	S&P 500 Index	8.19%	32.4%	-37.0%

• 출처: fnovelinvestor.com

있다. 이 표를 통해, 우리가 지난 10년간 정보기술재나 경기소비재섹터에 소속되어 있는 종목들에 분산 투자를 했을 경우 평균적으로 매년 최소 10% 이상의 수익을 올렸을 확률이 높다는 결론을 내릴 수 있다는 점이 중요하다. 반면, 10년 평균 수익률이 마이너스를 보이고 있는 에너지(ENRS) 섹터나 금융재(FINL)섹터에 투자를 했다면 상대적으로 투자 수익이 떨어졌을 가능성이 높다.

그렇다면 최근 추세는 어떨까? 위의 'S&P500 섹터별 연평균 수익률'에 나와 있는 수치는 10년 평균값이기 때문에 최근 3~4년 동안의 주가 변동을 볼 수는 없다.

그래서 다음 페이지에 'S&P500 섹터별 수익률 2007~2020'을 준비했다. 여기서 우리는 지난 3~4년간 각 섹터들의 추세를 한눈에 살펴볼 수 있다.

[S&P500 섹터별 수익률 2007~2020]

2007	2008	2009	2010	2011	2012	2013	2014	2015	2016	2017	2018	2019	1H '20
ENRS 34.4%	CONS -15.4%	INFT 61.7%	REAL 32.3%	UTIL 19.9%	FINL 28.8%	COND 43.1%	REAL 30.2%	COND 10.1%	ENRS 27.4%	INFT 38.8%	HLTH 6.5%	INFT 50.3%	INFT 15.0%
MATR 22.5%	HLTH -22.8%	MATR 48.6%	COND 27.7%	CONS 14.0%	COND 23.9%	HLTH 41.5%	UTIL 29.0%	HLTH 6.9%	TELS 23.5%	MATR 23.8%	UTIL 4.1%	TELS 32.7%	COND 7.2%
UTIL 19.4%	UTIL -29.0%	COND 41.3%	INDU 26.7%	HLTH 12.7%	REAL 19.7%	INDU 40.7%	HLTH 25.3%	CONS 6.6%	FINL 22.8%	COND 23.0%	COND 0.8%	FINL 32.1%	TELS -0.3%
INFT 16.3%	TELS -30.5%	REAL 27.1%	MATR 22.2%	REAL 11.4%	TELS 18.3%	FINL 35.6%	INFT 20.1%	INFT 5.9%	INDU 18.9%	FINL 22.2%	INFT -0.3%	S&P 31.5%	HLTH -3.1%
CONS 14.2%	COND -33.5%	S&P 26.5%	ENRS 20.5%	TELS 6.3%	HLTH 17.9%	S&P 32.4%	CONS 16.0%	REAL 4.7%	MATR 16.7%	HLTH 22.1%	REAL -2.2%	INDU 29.4%	S&P -3.1%
INDU 12.0%	ENRS -34.9%	INDU 20.9%	TELS 19.0%	COND 6.1%	S&P 16.0%	INFT 28.4%	FINL 15.2%	TELS 3.4%	UTIL 16.3%	S&P 21.8%	S&P -4.4%	REAL 29.0%	CONS -5.7%
TELS 11.9%	S&P -37.0%	HLTH 19.7%	S&P 15.1%	ENRS 4.7%	INDU 15.4%	CONS 26.1%	S&P 13.7%	INFT 1.4%	INFT 13.9%	INDU 21.0%	CONS -8.4%	COND 27.9%	MATR -6.9%
HLTH 7.2%	INDU -39.9%	FINL 17.2%	CONS 14.1%	INFT 2.4%	MATR 13.0%	MATR 25.0%	INDU 9.8%	FINL -1.5%	S&P 12.0%	CONS 13.5%	TELS -12.5%	CONS 27.6%	REAL -8.5%
S&P 5.5%	REAL -42.3%	CONS 14.9%	FINL 12.1%	S&P 2.1%	INFT 14.8%	ENRS 25.1%	COND 9.7%	INDU -2.5%	COND 6.0%	UTIL 12.1%	FINL -13.0%	UTIL 26.4%	UTIL -11.1%
COND -13.2%	INFT -43.1%	ENRS 10.2%	INFT 10.2%	INDU -0.6%	CONS 10.8%	UTIL 13.2%	MATR 6.9%	UTIL -4.8%	CONS 5.4%	REAL 10.9%	INDU -13.3%	MATR 24.6%	INDU -14.6%
REAL -17.9%	MATR -45.7%	UTIL 11.9%	UTIL 5.5%	MATR -9.6%	ENRS 4.6%	TELS 11.5%	TELS 3.0%	MATR -8.4%	REAL 3.4%	ENRS -1.0%	MATR -14.7%	HLTH 20.8%	FINL -23.6%
FINL -18.6%	FINL -55.3%	TELS 8.9%	HLTH 2.9%	FINL -17.1%	UTIL 1.3%	REAL 1.6%	ENRS -7.8%	ENRS -21.1%	HLTH -2.7%	TELS -1.3%	ENRS -18.1%	ENRS 11.8%	ENRS -35.3%

• 출처: fnovelinvestor.com

일단 가장 먼저 눈에 띄는 부분은 오렌지색의 정보기술재(INFT)섹터다. 정보기술재섹터는 2017년(38.8%), 2019년(50.3%), 그리고 2020년 상반기(15.0%)까지 가장 높은 수익률을 보여주고 있다.

두 번째로 좋은 모습을 보이는 섹터는 빨간색으로 표시된 경기소비재(COND)섹터다. 2017년에는 23.0%로 3위, 2018년에는 0.8%로 3위, 2019년에는 7위에 그쳤지만 27.9%의 성장률을 보였고 2020년에는 상반기 동안 7.2%로 2위의 성적을 거뒀다. 단, 여기서 주의할 점이 하나 있다. 아마존의 시가총액이 워낙 크다 보니 경기소비재섹터의 숫자에는 아마존의 기여도가 20% 이상을 차지한다는 점이다.

청녹색으로 표시되어 있는 통신재(TELS)섹터 역시 좋은 모습을 보이고 있다. 2016년에 23.5%로 반짝하다가 2017년, 2018년에는 마이너스 성장을 보여줬다. 하지만 2019년부터는 다시 32.7%의 상승을 보여주면서 상위권에 재진입했다.

상대적으로 우울한 모습을 보여주고 있는 산업부분도 있다. 바로 에너지
(ENRS)섹터다. 2018년부터 2020년까지 3년 연속으로 11개 섹터 중 11위
를 차지하는 불명예를 안았다.

≡5≡
4차 산업혁명 시대,
우리가 집중해야 할 투자섹터는?

지금까지 다른 섹터에 비해 정보기술재(INFT), 경기소비재(COND), 통신재(TELS)섹터 쪽의 주가 흐름이 좀 더 건강한 모습을 보여왔음을 직접 확인했다. 여기에는 소위 FAANG(Facebook, Apple, Amazon, Netflix, Google을 일컫는 용어)으로 불리는 기술주들의 공헌이 지배적이었다.

그렇다면 앞으로는 어떨까? 이러한 트렌드가 계속 이어질 수 있을까? 앞으로 다가올 10~20년을 주도할 주인공들은 어떤 산업분야에서 나오게 될까? 개인적으로 여기에 대한 해답은 '4차 산업혁명'에서 찾아야 한다고 생각한다.

4차 산업혁명이 '혁명'이라고 불리는 데는 그만한 이유가 있다. 다양한 분야에서 극적이면서도 급속한 변화가 일어날 가능성이 높기 때문이다. 모든 변화의 과정에는 고통이 수반되지만 동시에 많은 기회의 문이 새로 열리게 된다. 억세게 운 좋은 우리가 4차 산업혁명의 수혜를 투자에 활용하기 위해서는 일단 4차 산업혁명의 키워드부터 살펴봐야 한다.

다음 그림에는 4차 산업혁명을 대표하는 총 11개의 키워드가 보기 쉽게 정리되어 있다.

[4차 산업혁명의 키워드 ①]

• 출처: pwc.com

우리가 잘 알고 있는 것처럼, 1차 산업혁명은 증기기관의 발명과 함께 시작됐다. 2차 산업혁명은 증기기관의 열에너지가 전기에너지로 넘어가는 과정에 시작됐으며 19세기 후반 공장에 전기가 공급되면서 소위 대량 생산이 가능해지는 계기를 마련했다. 3차 산업혁명은 주지하고 있는 것처럼 인터넷의 등장으로 시작됐고 인류의 역사에서 처음으로 정보의 불균형이 해소되는 '정보 혁명'으로 진화했다.

그렇다면 4차 산업혁명을 이끌어 나갈 주요 기술은 무엇일까? 4차 산업혁명은 아직 본격적으로 진행되지 않은 상황이라 지속적으로 지켜봐야 하지만 그래도 우리는 4차 산업혁명의 키워드들을 나열해볼 수는 있다. 사물인터넷(IoT), 클라우드(Cloud), 빅데이터(Big Data), 모바일(Mobile), 인공지능(AI), 그리고 이 모든 것을 통합해서 서비스를 제공하는 플랫폼(Platform)이라는 비즈니스 모델이 있다고 할 수 있다.

우선 필자가 보기에 4차 산업혁명의 시작은 '사물인터넷'이다. 인터넷은 이미 3차 산업혁명 때 도입됐지만 사물인터넷의 등장으로 인해 세상의 모든 것이 연결될 수 있게 됐다. 향후 보급될 수많은 사물인터넷은 발전된 센서 기술을 이용해 다양한 정보를 수집하고 이를 클라우드의 데이터베이스로 전송한다.

앞으로 사물인터넷 수는 기하급수적으로 늘어날 가능성이 높기 때문에 이렇게 매일 쌓이는 정보의 양은 엄청날 것이다. 많은 양의 데이터를 저장하고 빠르게 분석해서 의미 있는 정보로 바꿔주는 역할을 '클라우드'와 '빅데이터'가 맡을 것이다. 그리고 이렇게 많은 데이터가 빠르게 처리되고 분석되어 가치 있는 정보로 바뀌면 우리 같은 사용자들에게 전달이 되어야 한다. 그 역할을 '모바일'이 할 것이다. 여기서 모바일은 스마트폰만을 의미하는 것에 끝나지 않고 다양한 형태로 확장될 가능성이 높다. 클라우드와 빅데이터의 기술이 전달하는 유용한 정보들을 수신하는 자율자동차, 스마트 홈 기기, 드론 등을 다 지칭하는 폭넓은 의미를 가질 것이다.

여기에 빠질 수 없는 것이 있다. 바로 '인공지능'이다. 사물인터넷을 통해 모아진 방대한 양의 정보는 우리에게만 전달되는 것이 아니라 딥 러닝(Deep Learning)의 능력을 갖고 있는 인공지능에 전송되어 인간이 갖고 있는 한정적인 시야나 지적 능력을 초월하는 새로운 경험을 창출해낼 수 있게 된다.

이렇게 4차 산업혁명 시대에는 각기 다른 분야의 경험과 접근법을 가진 사람들이 서로 협업하고 시너지를 창출하면서 개인 차원에서는 생각하지 못한 새로운 일들을 성취할 수 있을 것이다. 그리고 이러한 협업과 시너지를 이끌어 낼 수 있도록 장소를 제공해주는 것이 소위 말하는 '플랫폼'이다.

쉬운 예로, 필자가 열심히 방송 제작에 힘쓰고 있는 유튜브나 페이스북(FB)의 경우 우리가 자연스럽게 새로운 정보와 소식을 공유할 수 있는 소통의 장으로 발전한 결과, 이제는 기존의 대중매체를 대신하기 시작했다. 우버, 에어비앤비 등의 애플리케이션은 인간과 인간 사이의 연결, 그리고 시너지의 과정을 통해 공유 경제를 창출했다.

전문가들이 바라보는 4차 산업혁명의 모습은 어떨까? 다음 페이지의 그림은 컨설팅회사인 스타트어스인사이트(StartUs Insights)가 2020년 이후 4차 산업혁명을 주도할 10가지의 트렌드와 혁신들을 뽑아 정리한 내용이다. 해당 트렌드가 4차 산업혁명에서 차지하게 될 역할의 비중까지 표시해 놓았으므로 우리가 투자의 방향을 설정하는 데 적지 않은 도움이 될 것이다.

앞에서 언급하지 않은 4차 산업혁명의 키워드로는 증강현실·가상현실(13%), (네트워크 및 연결의) 5G(11%), 로봇 공학(10%), 3D 프린팅(8%) 등이 눈에 띈다.

[4차 산업혁명의 키워드 ②]

인공지능 16%	엣지컴퓨팅 & 클라우드 서비스 11%	로봇 공학 10%	사물인터넷 10%
증강현실 & 가상현실 13%	네트워크 및 연결 11%	빅데이터 9%	3D 프린팅 8%	개인 정보 보안 및 투명성 7%
				디지털 트윈 5%

• 출처: 스타트어스인사이트

지금까지 함께 살펴봤던 4차 산업혁명의 키워드들, 즉 사물인터넷, 클라우드, 빅데이터, 인공지능, 5G, 증강현실·가상현실 등과 관련된 시장을 이제부터 전망해보고 해당 시장에서 관심을 가져야 하는 기업을 구체적으로 알아보자.

사물인터넷 시장

다음 '사물인터넷의 글로벌 시장 규모'를 보자. 사물인터넷의 글로벌 시장 규모는 2018년 기준 1,900억 달러(209조 원)에 불과했지만 2026년이 되면 약 1조 1,000억 달러(약 1,210조 원)까지 확장될 것으로 보고 있다. 10년도 되지 않는 기간에 사물인터넷 시장의 규모가 5배 넘게 성장한다는 말이다. 8년간 연평균 성장률(CAGR, Compound Annual Growth Rate)을 계산해보면, 앞으로 매년 24.58% 정도 성장할 것으로 기대해볼 수 있다.

[사물인터넷의 글로벌 시장 규모]

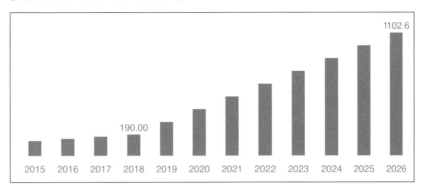

• 출처: fortunebusinessinsights.com

사물인터넷 시장은 너무나도 다양한 산업분야에 넓게 퍼져 있어 관련 투자 종목으로 한두 개의 기업을 손꼽기는 쉽지 않다. 그럼에도 불구하고, 사물인터넷의 저변 확대가 현실화된다면 가장 직접적으로 함께 성장할 수 있는 스마트 센서(Smart Sensor) 시장에 대해 간단히 정리하고 넘어가도록 하겠다.

2020년 현재 글로벌 스마트 센서 시장은 366억 달러(약 40조 원) 정도의 규모를 갖고 있다. 앞으로도 스마트 센서 시장의 규모는 연간 평균 19% 정도 성장을 보일 것으로 예상되고 있으며 2026년이 되면 시장 규모는 876억 달러(약 96조 원)까지 커질 것으로 기대된다. 현재 스마트 센서분야를 이끌고 있는 미국 기업으로는 아날로그디바이스(ADI), 마이크로칩테크놀로지(MCHP) 등이 있으며 최근 영국기업 암(ARM) 인수를 발표한 엔비디아(NVDA)에 간접 투자하는 방법도 생각해볼 수 있다.

클라우드 시장

다음의 표는 2018년부터 2022년까지 글로벌 클라우드 시장의 매출 성장 추이를 보여주고 있다. 공공부분 클라우드 시장 전체로 봤을 때, 4년간 연평균 성장률(CAGR)은 16.08%로 예상되고 있으며 2022년이 되면 시장 규모는 3,312억 달러(약 364조 원)까지 확대될 전망이다. 시장 규모가 가장 큰 클라우드 SaaS(Software as a Service)부분만 따로 계산해도 4년 동안의 연평균 성장률은 15.77%의 양호한 수치를 보인다.

[클라우드 시장의 매출 예상]

Table 1. Worldwide Public Cloud Service Revenue Forecast(Billions of U. S. Dollars)

	2018	2019	2020	2021	2022
Cloud Business Process Services(BPaaS)	45.8	49.3	53.1	57.0	61.1
Cloud Application Infrastructure Services(PaaS)	15.6	19.0	23.0	27.5	31.8
Cloud Application Services(SaaS)	80.0	94.8	110.5	126.7	143.7
Cloud Management and Security Services	10.5	12.2	14.1	16.0	17.9
Cloud System Infrastructure Services(IaaS)	30.5	38.9	29.1	61.9	76.6
Total Market	**182.4**	**214.3**	**249.8**	**289.1**	**331.2**

• BPaaS=business process as a service; IaaS=infrastructure as a service; PaaS=platform as a service; SaaS=software as a service
• 출처: 가트너

클라우드 시장의 성장을 등에 입고 우리가 투자할 수 있는 종목들은 수 없이 많다. '클라우드'라고 했을 때 가장 먼저 떠오르는 기업들은 클라우드 시스템의 인프라와 플랫폼을 제공하는 아마존(AMZN), 마이크로소프트

(MSFT) 등이 대표적이다. 요즘에는 소위 사스(SaaS, Software as a Service) 클라우드라고 불리는 성장주들이 투자자들의 많은 관심을 받고 있다. 가장 잘 알려진 사스(SaaS) 클라우드 기업으로는 줌(ZM), 어도비(ADBE), 세일즈포스(CRM), 쇼피파이(SHOP) 등이 있다.

빅데이터 시장

빅데이터 시장은 이미 2011년부터 2019년까지 연평균 25% 이상의 급격한 성장을 보여왔다. 향후 이러한 성장세는 다소 둔화될 것으로 전망된다. 2020년부터 2025년까지 연평균 성장률은 10.6%로 떨어질 것으로 예상되지만 앞으로도 두 자릿수의 지속적인 성장은 계속될 것이다.

[빅데이터 시장 규모 예상]

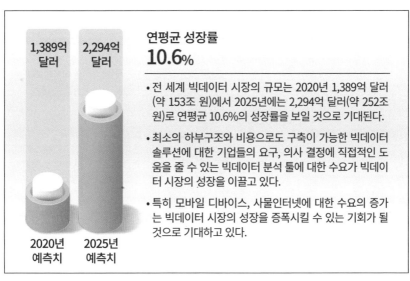

1,389억 달러 2,294억 달러

연평균 성장률
10.6%

- 전 세계 빅데이터 시장의 규모는 2020년 1,389억 달러(약 153조 원)에서 2025년에는 2,294억 달러(약 252조 원)로 연평균 10.6%의 성장률을 보일 것으로 기대된다.
- 최소의 하부구조와 비용으로도 구축이 가능한 빅데이터 솔루션에 대한 기업들의 요구, 의사 결정에 직접적인 도움을 줄 수 있는 빅데이터 분석 툴에 대한 수요가 빅데이터 시장의 성장을 이끌고 있다.
- 특히 모바일 디바이스, 사물인터넷에 대한 수요의 증가는 빅데이터 시장의 성장을 증폭시킬 수 있는 기회가 될 것으로 기대하고 있다.

2020년 예측치 2025년 예측치

• 출처: 마켓츠앤마켓츠

또한 빅데이터를 활용한 다양한 비즈니스분야 중 과거의 데이터를 이용해 미래를 예측하는 데 집중하는 예측 분석(Predictive Analysis) 시장의 경우, 향후 5~6년 동안 21.7%의 성장이 예상되고 있으므로 이 분야에 집중 투자하고 있는 IBM(IBM)이나 2020년 10월에 상장한 팔란티어(PLTR) 등의 기업에 관심을 가질 만하다.

인공지능 시장

인공지능(Artificial Intelligence)은 이제 더 이상 먼 나라의 이야기가 아니다. 우리가 인터넷 서핑을 즐기다 보면, 흔하게 만나볼 수 있는 챗봇(Chatbot) 같은 형태로 인공지능은 이미 우리의 삶에 깊숙이 침투해 있는

[인공지능 어디까지 와 있나?]

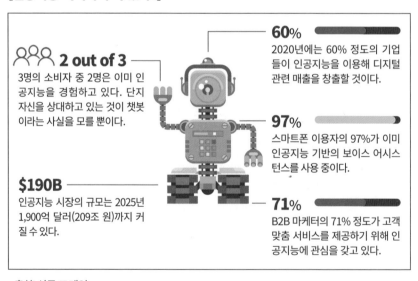

2 out of 3
3명의 소비자 중 2명은 이미 인공지능을 경험하고 있다. 단지 자신을 상대하고 있는 것이 챗봇이라는 사실을 모를 뿐이다.

$190B
인공지능 시장의 규모는 2025년 1,900억 달러(209조 원)까지 커질 수 있다.

60%
2020년에는 60% 정도의 기업들이 인공지능을 이용해 디지털 관련 매출을 창출할 것이다.

97%
스마트폰 이용자의 97%가 이미 인공지능 기반의 보이스 어시스턴스를 사용 중이다.

71%
B2B 마케터의 71% 정도가 고객 맞춤 서비스를 제공하기 위해 인공지능에 관심을 갖고 있다.

• 출처: 싱글 그레인

상황이다. 이미 60% 정도의 기업들이 디지털 매출을 증대시키기 위해 인공지능을 도입했으며 우리가 매일 사용하는 스마트폰의 음성 안내 지원역시 인공지능의 힘을 빌려 구동되는 프로그램이다.

인공지능 시장의 성장 잠재력에 대해서는 전문가마다 다양한 의견을 내고 있다. 앞에 나와 있는 싱글 그레인(Single Grain)의 전망에 따르면, 인공지능 시장은 2025년까지 1,900억 달러(209조 원)의 경제 규모를 창출할 것으로 예상되고 있다. 이는 2020년 현재의 시장 규모에 비해 10배 가까운 성장이 가능하다는 뜻인데, 이보다 조금 보수적인 예상치를 내놓고 있는 IoT애널리틱스의 전망을 보더라도 인공지능 시장은 최소 매년 30%가 넘는 성장성을 갖고 있다고 할 수 있다.

[글로벌 인공지능 시장 규모 예상]

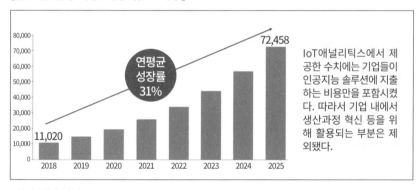

IoT애널리틱스에서 제공한 수치에는 기업들이 인공지능 솔루션에 지출하는 비용만을 포함시켰다. 따라서 기업 내에서 생산과정 혁신 등을 위해 활용되는 부분은 제외됐다.

• 단위: 백만 달러
• 출처: IoT애널리틱스

인공지능은 그 활용 범위가 넓어 우리가 관심을 갖고 지켜봐야 할 기업도 상당수가 된다. 대표적인 기업으로는 미국의 메가 테크 기업들, 즉 아마존, 구글(GOOG), IBM, 마이크로소프트(MSFT), 페이스북(FB) 등을 빼놓을 수 없으며, 알리바바(BABA)나 홍콩 주식 시장에 상장되어 있는 텐센트 (TCEHY) 등의 중국 기업들도 관심 있게 지켜볼 만하다.

하지만 인공지능 시대의 최대 수혜자는 엉뚱한 기업이 될 가능성이 높다. 인공지능이 보편화되기 위해서는 반드시 필요한 반도체 칩을 공급하는 엔비디아가 바로 그 주인공이다. 인공지능의 미래에 투자하고 싶다면 엔비디아가 최고의 투자처가 될 수 있다.

5G 서비스 시장

5G 시장의 미래를 예측하기 위해서는 4G를 먼저 살펴볼 필요가 있다. 약 10년 전부터 보급되기 시작한 4G 기술은 이미 가파르게 성장하여 연간 6조 달러(6,600조 원)로 추산되는 GDP를 글로벌 경제에 안겨주며 우리 삶의 커다란 부분을 차지하고 있다. 이 규모는 세계 건설 산업의 전체 규모와 맞먹는 수준이라고 한다.

5G는 4G의 시장 규모를 훨씬 능가할 것이라는 예상이 지배적이다. 글로벌 리서치 기업인 IHS마킷(IHS Markit)에 따르면, 5G 기술은 다양한 산업분야에서 13조 달러(1경 4,300조 원) 이상의 GDP를 창출하며 전 세계에 새로운 일자리 2,200만 개를 창출할 것이라고 한다.

사실 2020년 전 세계 5G 시장의 규모는 400억 달러(44조 원)를 조금 상회하는 수준이다. 하지만 5G는 이제 막 상용화되는 시점이기 때문에 그 시장 규모는 향후 기하급수적으로 커질 것으로 예상되고 있다. 다음에서 확인할 수 있는 것처럼 2021년부터 2027년까지 5G 시장은 매년 평균 43.9% 성장할 것으로 기대된다.

[미국 내 산업별 5G 시장 규모 예상]

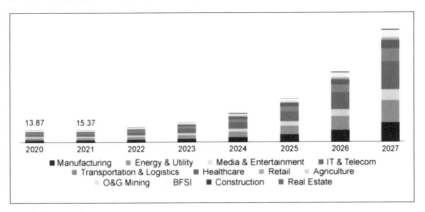

• 단위: 10억 달러

• 출처: grandviewresearch.com

이와 같은 급속한 5G 시장 규모의 성장은 사물인터넷의 빠른 보급과 맞물려 있다. 또한 가까운 미래에 보편화될 자율주행의 등장, 가상현실·증강현실을 활용한 게임 산업의 발달 등은 5G가 구축되어 있다는 전제하에서 구현 가능한 우리 미래의 모습이기 때문에 앞으로 5G 산업은 투자자들이 관심을 집중해야 할 핵심분야라고 믿어 의심치 않는다.

우리가 5G의 미래에 투자할 수 있는 방법은 매우 다양하다. 일단 5G 서비스를 제공하는 AT&T(T), 버라이즌(VZ) 등에 베팅할 수 있고, 이러한 기업들에 통신탑을 빌려주고 수익을 창출하는 아메리칸타워(AMT), 크라운캐슬(CCI)에 간접 투자하는 방법도 있다. 또한 5G 통신 장비 시장을 장악하고 있는 노키아(NOK), 에릭슨(ERIC), 나아가 5G 장비에 들어가는 다양한 칩을 제조하는 퀄컴(QCOM), 브로드컴(AVGO) 등의 반도체 기업들도 빼놓을 수 없다.

증강현실과 가상현실 시장

증강현실(AR, Augmented Reality)이란, 현실에 존재하는 이미지나 배경에 3차원 가상 이미지를 삽입해 하나의 영상으로 보여주는 기술을 말한다. 즉, 현실 세계와 가상 세계를 결합해 가상 정보가 실제로 존재하는 것처럼 만들어 새로운 세계를 창출하는 기술이라고 확대 해석할 수 있다. 반면, 가상현실(VR, Virtual Reality)은 실제 존재하지 않는 컴퓨터상의 이미지나 그래픽을 이용하여 만든 순전한 가상 정보다.

쉽게 말해, 가상현실은 1인칭인 자신과 배경, 환경 등 모든 것이 현실이 아닌 가상의 이미지를 사용하는 데 반해, 증강현실은 현실에 존재하는 이미지나 배경, 프로그램 실행의 주체 역시 실존하는 데에 그 커다란 차이가 있다.

두 기술 모두 사실 2000년대 초반만 해도 상용화되지 못하고 있다가 최근 스마트폰 시장이 급속도로 확장되고 기술적인 환경도 갖춰지면서 일단 증강현실 기술을 위주로 빠르게 실용화가 진행되고 있는 추세다. 단편적인 예로, 스마트폰의 카메라를 통해 확보된 현실의 이미지들을 3차원의 가상 이미지와 바로 융합하여 브랜드나 제품을 소비자가 체험할 수 있도록 도와주는 기능, 스포츠 중계에서 선수들에 대한 정보를 TV 영상에 실시간으로 제공하는 기능, 게임화면에서 사람의 동작을 중첩함으로써 현실감을 극대화시켜주는 기능은 증강현실이 이미 우리의 삶에 깊숙이 파고들기 시작했음을 실감하게 해준다.

투자자의 관점에서 더욱 반가운 소식은 2019년에 320억 달러(35조 원) 정도였던 증강현실과 가상현실 시장 규모가 2027년이 되면 5,127억 달러(약 564조 원)까지 확장될 수 있다는 전망이다.

다음 그림에 나와 있듯이 미국 컨설팅회사인 콘피안자(Confianza)에 따르면, 2020년부터 2027년까지 증강현실과 가상현실 시장은 매년 평균 52.1%의 성장을 기대하고 있다. 따라서 우리가 이 분야에서 50%가 넘는 성장을 이끌어 나갈 1등 기업들을 찾아낼 수 있다면 앞으로 최고의 수익을 안겨줄 종목을 쉽게 발굴하는 셈이 된다.

[증강현실과 가상현실 시장의 규모 예상]

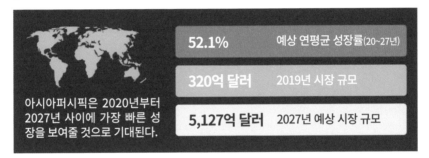

• 출처: 콘피안자 마켓 리서치 앤 컨설턴시

우리가 관심을 가질 만한 기업은 2014년에 오큘러스(Oculus)를 인수하면서 가상현실 시장에 일찌감치 뛰어든 페이스북, 2018년에 미 육군(U. S. Army)과 홀로렌즈 4억 8,000만 달러(5,280억 원) 납품 계약을 성사시킨 마이크로소프트(MSFT), 그리고 구글맵, 구글렌즈, 구글픽셀 등에 증강현실의 접목을 시도하고 있는 구글(GOOG) 등이 있다. 그 밖에도 최근 NextVR을 비롯해 여러 개의 AR 기업, VR 기업을 인수한 애플(AAPL), 포켓몬(Pokemon)을 제작한 것으로 유명한 니이언틱(Niantic)과 증강현실 안경을 개발 중인 퀄컴(QCOM)도 증강현실과 가상현실 시장의 성장을 타고 함께 성장할 기업 중 하나가 될 것이다.

≡6≡
우리를 부자로 만들어줄
투자 종목은?

지금까지 우리는 앞으로 4차 산업혁명의 물결을 타고 눈부신 성장을 보여줄 주요 산업분야를 하나씩 짚어봤다. 그럼 이제부터는 이러한 미래 지향적 산업군을 끌고 나가게 될 대표적인 기업들, 그중에서도 우리 투자자들을 가까운 미래에 부자로 만들어줄 잠재력을 지닌 종목들을 공개하고자 한다.

패스틀리(FSLY) & 클라우드플레어(NET)

가장 먼저 엣지컴퓨팅(Edge Computing)의 강자인 패스틀리와 클라우드플레어를 소개하고자 한다. 일단 패스틀리부터 살펴보도록 하겠다.

패스틀리의 비즈니스 모델은 복잡해 보이지만 사실 매우 간단하다. 고객사들의 사이트 또는 애플리케이션의 데이터 전송 속도를 높여주면서 비용은 절감해주는 역할을 수행하는 것이 기본 사업이다. 다음 그림은 패스틀리의 비즈니스 모델을 이해하기 쉽게 설명해준다.

[패스틀리의 비즈니스 모델]

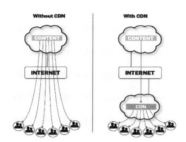

• 출처: 미래에셋대우 리서치센터

패스틀리 최대 고객사 중 하나인 트위터(TWTR)를 예로 들어보자. 트위터는 전 세계 200여 개국에서 3억 4,000만 명 이상이 사용하는 애플리케이션이다. 문제는 트위터 본사는 미국 샌프란시스코에 있는데 3억 명이 넘는 사용자들은 전 세계 여기저기에 흩어져 있다는 점이다. 미국 본사와 전 세계 이용자들 사이에서는 끊임없이 데이터의 전송이 이뤄질 텐데 이 거리가 만만치 않다. 이렇게 먼 거리를 사이에 두고 데이터를 주고받으면 그 속도가 느려지고 많은 비용이 발생한다. 앞으로 전 세계적으로 인터넷과 클라우드를 사용하는 인구는 계속 늘어나기 때문에 중앙으로 집중되는 데이터의 양은 점점 많아지고 네트워크에는 과다 트래픽이 발생하게 되면서 중앙 서버에 과부하가 걸릴 가능성도 배제할 수 없다.

패스틀리는 이런 문제들을 해결하기 위해 전 세계 곳곳에 이용자들을 보유하고 있는 기업들에 CDN(Content Deliver Network) 서비스를 제공한다. 즉, 기업의 오리지널 서버와 사용자 사이에 데이터 저장소인 캐시

(Cache)를 설치하고 데이터의 복사본을 저장해놓는 것이다. 이렇게 하면, 데이터 사용자가 정보를 요청할 때마다 데이터 사용자와 가장 가깝게 있는 패스틀리의 캐시가 오리지널 서버 대신 서버 역할을 해준다. 이와 같이 데이터의 중앙 집중화에 따른 지연 문제를 해결하기 위해 중앙 서버나 클라우드에 집중되어 있던 정보 처리 기능을 데이터가 생산 및 소비되는 현장으로 옮기는 방식을 엣지컴퓨팅(Edge Computing)이라고 부른다.

패스틀리의 엣지컴퓨팅 기술은 이커머스, 스트리밍 서비스, 온라인 게임 등의 시장이 성장하면서 그 수요가 더욱 증가될 것으로 기대된다. 향후 사물인터넷이 상용화되면 엣지컴퓨팅의 역할은 점점 더 커질 전망이다.

패스틀리는 아직 수익을 만들지 못하고 있는 적자 기업이다. 그럼에도 불구하고 독자 여러분께 패스틀리라는 종목을 소개한 이유는 이 기업이 보여주고 있는 무서운 성장률 때문이다.

2020년 패스틀리의 매출은 지난해에 비해 48% 정도의 신장을 보여주고 있으며, 이러한 추세는 한동안 지속될 예정이다.

다음 표에서 확인할 수 있듯이, 2021년, 2022년 패스틀리의 매출 성장률은 각각 32%, 34%를 넘을 것으로 애널리스트들은 예측하고 있다. 이러한 추세라면 2021년 중반을 넘어서는 시점에서 순이익(Net Income)이 흑

[패스틀리 연간 매출 성장 예측]

회계 연도	예상 매출	연 성장률
Dec 2020	296.75M	48.04%
Dec 2021	394.51M	32.94%
Dec 2022	529.91M	34.32%

• 출처: seekingalpha.com

자로 돌아서는 기염을 토할 것으로 기대된다.

패스틀리를 분석하면서 빼놓을 수 없는 기업이 있는데 바로 '클라우드플레어'다. 클라우드플레어는 패스틀리와 마찬가지로 CDN을 이용해 웹사이트의 성능과 속도, 보안 기능까지 향상하게 해주는 통합 서비스를 제공한다. 패스틀리에 비해 보안 기능이 좀 더 특화되어 있다.

클라우드플레어가 제공하는 주요 서비스 중 하나가 서버 보안이다. 일단 회원으로 가입만 하면 기본 옵션으로 SSL(Secure Socket Layer) 인증 서비스를 무료로 제공해주는데 이것이 시장을 석권할 수 있는 발판이 됐다. 자금이 부족한 서버 개발자도 클라우드플레어의 서비스를 이용하면 HTTPS[HyperText Transfer Protocol Secure, 보안이 강화된 HTTP(HyperText Transfer Protocol, 서로 다른 시스템들 사이에서 통신을 주고받게 해주는 프로토콜)]를 비용 걱정 없이 사용할 수 있다.

무료로 사용할 수 있는 SSL 인증 서비스, 그리고 추가로 선택할 수 있는 부가 서비스 역시 저렴하게 제공하는 마케팅 전략이 시장에 먹혀들면서, 현재 클라우드플레어의 서비스는 전 세계를 대상으로 자사의 서비스를 제공하는 웹사이트(의 기업), 혹은 DDoS(Distributed Denial of Service, 분산 서비스 거부) 공격을 자주 받는 곳이라면 거의 필수로 사용되고 있다. 2020년 기준, 전 세계 웹사이트 10개 중 1개가 클라우드플레어의 리버스프록시(Reverse Proxy) 서비스와 DNS(Domain Name System) 서버를 사용할 정도로 인터넷업계에서 최강자 중 하나로 빠르게 성장했다.

'리버스프록시 서비스'란, 일반적으로 네트워크 DMZ(방화벽에 의해 보호되지 않는 영역)에 단일화된 서버를 배치해서 외부의 공격으로부터 내부 서버를 보호하는 보안 기능을 수행하여 회사 인트라넷 등의 HTTP 서버를 보호하는 보안 장치를 말한다. 'DNS'는 도메인 네임 시스템, 혹은 네임 서버(Name Server)라고 부르기도 하는데 도메인 이름과 아이피(IP) 주소를 연결하는 시스템이다.

다음은 리버스프록시 서비스의 글로벌 시장에서 클라우드플레어가 차지하고 있는 점유율, DNS 시장에서 클라우드플레어가 차지하는 점유율을 각각 보여주고 있다. 리버스프록시 서비스 관련해서는 전체 마켓의 80.9%, DNS 시장에서는 15.2%로 선두권을 유지하고 있다.

[리버스프록시 서비스 공급사의 글로벌 시장 점유율]

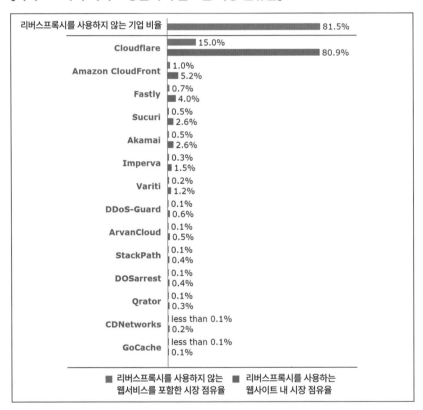

• 출처: w3techs.com

[DNS 공급사의 시장 점유율]

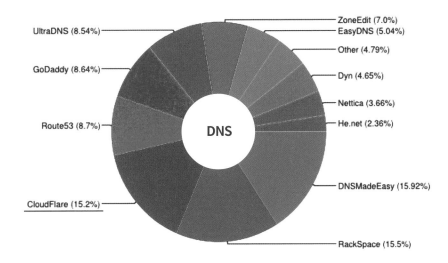

• 출처: solvedns.com

클라우드플레어는 현재 2,000만 개 이상의 웹사이트에 서비스를 제공하고 있다. 클라우드플레어를 사용하는 고객 수는 2020년 기준, 유료 고객사와 무료 고객사를 합쳐 260만 개사에 이르고 있다. 이 중에서 유료 고객사는 8만 3,000개 정도가 된다.

패스틀리와의 비교에서 항상 약점으로 지적됐던 대기업 고객 수는 2017년 말 184개사에서 2018년 말 313개사, 2019년에는 550개사로 꾸준히 증가하고 있다. 특히 어떤 단일 고객도 매출의 10%를 넘기지 않는다는 것이 클라우드플레어 투자자로서는 안심이 되는 부분이다.

물론 클라우드플레어에도 투자 관련 리스크가 있다. 무료로 SSL 인증 서비스를 제공하고 기타 부가 서비스의 비용도 저렴하다 보니 음란물 배포 등의 목적을 갖고 우후죽순처럼 생겨나고 있는 불법 웹사이트들이 클라우드플레어의 서비스를 애용(?)하고 있다는 점이다. 그래서 불법 웹사이트가 클라우드플레어의 주 고객이 되고 있는데, 회사가 이런 상황을 방조하고 있다는 지적이 제기되면서 사회적 책임 이슈가 대두하고 있다.

따라서 투자자들은 클라우드플레어의 경영진이 이러한 사회적 문제에 어떻게 적절히 대응해 나가는지, 그리고 얼마나 많은 무료 고객사를 유료로 전환시켜 나가는지에 대해 관심을 두고 투자의 방향을 설정해야 할 것이다.

인튜이티브서지컬(ISRG)

필자가 두 번째로 소개할 기업은 독자 여러분이 봤을 때 다소 생소한 이름일 수도 있다. 인튜이티브서지컬은 1999년 수술용 로봇인 다빈치시스템을 개발하고 2000년 수술용 로봇으로는 최초로 미국식품의약국(FDA) 승인을 받아내 '로봇 수술 시대'를 연 선구자적 기업이다.

현재 로봇 수술은 일반 외과뿐만 아니라 흉부외과, 비뇨기과, 산부인과, 이비인후과 등에서 폭넓게 시행되고 있으며 2015년 이후 다빈치시스템은 전 세계적으로 190만 건의 로봇 수술을 수행한 것으로 알려졌다.

필자가 인튜이티브서지컬을 긍정적으로 평가하는 이유는 크게 3가지다.

첫 번째, 매출구조 때문이다. 이 회사가 다빈치시스템을 판매하여 올리는 매출은 전체 매출의 30%에 불과하다. 나머지 70%의 매출은 소모성 부속품 판매, 서비스에서 발생하고 있다. 수술 1건당 부품 및 소모성 기기를 700~1,500달러(77~165만 원)에 판매하고 있는데, 여기서 발생하는 수입이 전체 매출의 53%를 담당하고 있다. 또한 고객사가 다빈치시스템을 배

치할 때는 반드시 서비스 계약이 포함되어야 하는데, 매년 하나의 시스템에서 나오는 매출이 80~190만 달러(약 9억~21억 원) 수준이며 전체 매출의 17%를 구성하고 있다. 여기서 중요한 포인트는 다빈치시스템 판매 매출을 제외한 전체 매출의 70%가 정기적으로 수입을 벌어들이는 반복 매출이라는 점이다.

두 번째, 경쟁업체가 쉽게 넘볼 수 없는 탄탄한 '경제적 해자(Moat)'다. 인튜이티브서지컬은 20년 넘는 세월 동안 수술 로봇 시장을 장악해오면서 전 세계적으로 3,000여 개의 특허, 즉 지적재산권과 임상 데이터베이스를 구축해놓았다. 다음 그림에서 확인할 수 있는 것처럼, 현재 인튜이티브서지컬의 수술 로봇 시장 점유율은 2018년을 기준으로 80%가 넘어가는 독

[인튜이티브서지컬의 수술 로봇 시장 점유율]

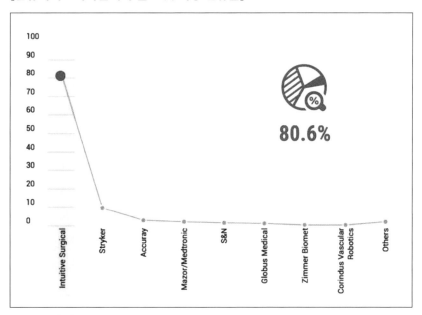

• 주: 2018년 기준
• 출처: Informa UK Ltd

4장 미국 주식, 어디에 투자해야 하나?

점을 구축한 상황이다.

만약 새로운 경쟁업체가 인튜이티브서지컬이 보유하고 있는 수준의 임상 데이터를 확보하기 위해서는 지금부터 부지런히 많은 병원을 고객으로 확보해야 하며 현장에 있는 외과의사들을 대상으로 한 교육과정을 진행해야 한다. 더욱 힘든 부분은 개별 환자들의 동의를 받기 위한 과정이다. 생명을 담보로 하는 수술인 만큼 환자들은 이미 많은 수술의 결과로 그 안전성과 효과성이 증명된 다빈치시스템을 선호할 가능성이 매우 높을 것이다. 따라서 새로운 경쟁업체가 인튜이티브서지컬과 어깨를 나란히 할 만한 이미지나 평판을 시장에 구축하기 위해서는 상당히 오랜 기간이 소요될 것으로 보인다.

마지막, 세 번째로 언급하고 싶은 인튜이티브서지컬의 투자 매력은 수술로봇 시장이 갖고 있는 성장성이다. 다음 '수술 로봇의 글로벌 시장 규모'를 보자. 2018년 14억 6,300만 달러(약 1조 6,100억 원) 정도였던 수술 로

[수술 로봇의 글로벌 시장 규모]

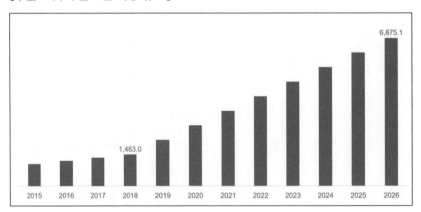

• 주: 기간은 2015~2026년 | 단위는 백만 달러
• 출처: fortunebusinessinsights.com

봇의 시장 규모는 2026년이 되면 68억 7,500만 달러(약 7조 5,600억 원)까지 성장할 것으로 기대된다. 즉, 동기간 연성장률이 21.4%에 이른다는 것이다.

앞에서 언급한 것처럼 인튜이티브서지컬은 80%가 넘는 점유율로 시장을 독점하고 있으며 높은 진입 장벽으로 인해 한동안 높은 시장 점유율은 쉽게 깨지기 어려울 것이다. 따라서 수술 로봇의 시장 규모가 매년 21% 이상의 성장을 보여준다면 향후 인튜이티브서지컬의 매출은 물론이고, 이 기업이 갖고 있는 투자 가치 역시 지속적인 상승이 예상된다.

엔비디아(NVDA)

다음에 추천할 종목은 항상 잘나가는 기업 '엔비디아'다. 한국에서는 게임을 즐기는 인구가 비교적 많기 때문에 엔비디아의 지포스(Gforce) 그래픽카드의 월등한 성능에 대해 다른 나라 사람들보다 이해도가 높다.

그렇게 게임에 필요한 그래픽카드(GPU)를 잘 만들던 엔비디아는 어느새 데이터센터 사업이 크게 성장하면서 서버 칩으로 인한 수익이 2020년 2분기에 처음으로 게임 사업부분을 앞질렀다. 게임용 그래픽카드의 판매가 부진해서가 아니라 데이터센터용 칩의 매출이 80%나 증가하면서 발생한 건강한 내부 경쟁의 모습이다.

엔비디아에 투자하면 다른 주식에 투자하는 것보다 스트레스가 비교적 없는 편이다. 그도 그럴 것이 끊임없이 주가가 상승할 만한 신제품이나 실적 발표, 그리고 인수합병 소식이 쏟아지기 때문이다.

엔비디아는 2020년 4월에 차세대 데이터 시장의 전문성을 강화하기 위

한 일환으로 이스라엘 반도체 기업인 멜라녹스를 69억 달러(약 7조 6,000
억 원)에 인수했다. 멜라녹스는 합병이 성사되자마자 바로 그 분기 실적에
서 엔비디아 전체 매출의 14%, 데이터센터 매출의 30%를 담당하면서 성
공적인 데뷔를 보여줬다.

이것도 모자랐는지 엔비디아는 2020년 9월 세계 최대의 반도체 설계회
사인 ARM을 인수한다고 발표했다. 전 세계 스마트폰의 90% 이상이 ARM
이 지적재산권을 갖고 있는 저전력 반도체 설계 기반의 AP(모바일의 CPU)
를 사용하는 만큼 엔비디아의 ARM 인수는 엔비디아의 향후 비즈니스에
미치는 파급력이 매우 강력하다고 할 수 있다. 아직 미국, 영국, 유럽연합,
중국 등 4개국의 승인을 얻어야 하는 힘든 과정이 남아 있지만 엔비디아의
ARM 인수가 성공적으로 마무리된다면 엔비디아는 드디어 오랫동안 염원

[엔비디아의 타깃 마켓]

2023년까지 2,500억 달러 규모의 시장을 타깃으로!
가속 컴퓨팅, 에너지 효율, 인공지능이 모든 산업 섹터에 걸쳐 혁명을 일으킬 것이다.

	컴퓨터 & 모바일 디바이스	데이터센터	자율주행, 엣지 컴퓨팅 & 사물인터넷
	$95B	$80B	$75B
엔비디아	게임 PC, 워크스테이션, 게임 콘솔	가속 컴퓨팅 플랫폼, 멜라녹스 네트워크	자율주행, 로봇 공학, 엣지 인공지능
ARM	스마트폰, 태블릿 PC, 노트북	베이스 스테이션, 인터넷 공유기, 스위치, 서버	자율주행, 웨어러블, 산업용 컴퓨터, 가전제품 사물인터넷

• 주: B는 빌리언 달러(10억 달러)
• 출처: investor.nvidia.com

해왔던 모바일의 세계로 진출하게 되는 것이다. 아울러 엔비디아는 GPU 와 CPU를 동시에 소유하게 됨으로써 데이터센터의 최강자 위치를 확고히 하게 된다.

ARM 인수를 발표하면서 엔비디아의 경영진은 타깃으로 하는 시장의 규모를 2023년 기준, 총 2,500억 달러(275조 원)로 예상했다. 그만큼 이번 딜로 인해 엔비디아가 넘볼 수 있는 시장은 게임, 데이터센터를 넘어 PC, 모바일 시장으로까지 확대할 것으로 해석된다.

앞의 '엔비디아의 타깃 마켓'을 보면 엔비디아(의 투자 가치)에 대해 더 희망이 생길 것이다. 이미 엔비디아가 주역으로 떠오르고 있던 4차 산업 혁명의 기술들, 즉 인공지능, 자율주행, 사물인터넷, 엣지컴퓨팅분야에서 ARM과 엔비디아의 조합은 그 어떤 경쟁자도 쉽게 따라올 수 없는 새로운 레벨의 슈퍼 반도체 기업의 탄생을 예고하고 있다.

아마존(AMZN)

다음은 '아마존'이다. 필자는 소위 말하는 '아마존빠' 중 한 명이다. 전체 투자금액의 20% 가까운 비중을 아마존에 두고 있을 정도로 아마존에 대한 신뢰가 두터운 투자자들 중 한 명이다.

아마존이 매력적인 투자 종목인 이유는 바로 '비즈니스의 다양성'이다. 다음 페이지 '아마존의 사업 진출분야와 매출구조'는 아마존이 진출해 있는 사업분야를 한눈에 알아볼 수 있게 도와준다.

2019년 보고서를 기준으로, 아마존의 총매출은 2,800억 달러(308조 원)가 넘는 것을 확인할 수 있다. 온라인 스토어가 차지하는 비중이 50.4%로

[아마존의 사업 진출분야와 매출구조]

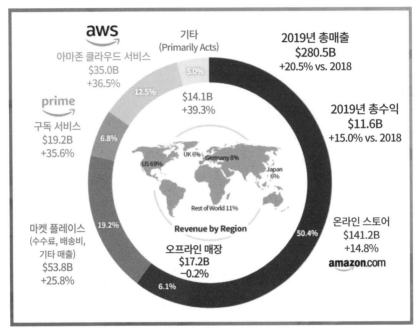

- 주: B는 빌리언 달러(10억 달러)
- 출처: 2019년 아마존 연간 보고서

가장 많고, 그다음은 마켓 플레이스에서 거두는 수수료 등 수입이 19.2%이고, 그다음은 12.5%를 책임지고 있는 클라우드 서비스인 AWS(Amazon Web Services)에서 발생한다. 즉, 한 가지 사업에 올인하지 않고 여러 가지 비즈니스 모델을 운영하며 매출을 극대화시키고 있음을 확인할 수 있다.

여기서 더 중요한 투자 포인트는 아마존이 진출해 있는 비즈니스 시장이 보여주고 있는 마켓의 성장률, 그리고 각 사업분야에서 보여주고 있는 아마존의 시장 점유율이다.

다음 '미국 Top 10 이커머스 기업의 매출 및 순위'를 보면, 아마존이 이커머스 시장에서 이렇다 할 경쟁 없이 마켓을 독식하고 있음을 알 수 있다.

[미국 Top 10 이커머스 기업의 매출 및 순위]

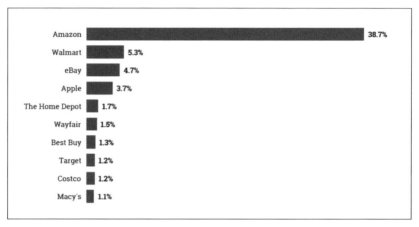

• 주: 2020년 매출 기준
• 출처: marketingcharts.com

여기서 우리는 다음 페이지의 '글로벌 이커머스 시장의 미래'에 나와 있는 내용에 주의를 기울여야 한다. 2020년 3월부터 본격화된 글로벌 팬데믹이 1년 가까이 지속되는 장기화를 보이면서 이커머스 시장은 기존 예상을 뛰어넘는 성장을 보이고 있다는 내용이다. 즉, 2020년 현재, 이커머스가 전체 리테일 시장에서 차지하는 비율은 15% 수준인데 코로나19의 적극적인 지원(?)으로 인해 2025년이 되면 전체 리테일 시장의 25%를 차지할 것이라는 전망이다. 그렇게 된다면 전체 리테일 시장이 연평균 4.5% 정도의 성장을 보이고 있음을 감안할 때 이커머스 시장의 성장은 매년 15.7%를 넘어갈 수 있다는 계산이 나온다.

[글로벌 이커머스 시장의 미래]

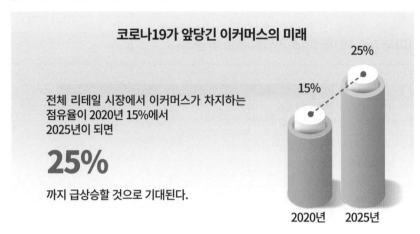

또 다른 아마존의 사업분야를 살펴보겠다. 다음의 '글로벌 클라우드 인프라 시장 규모와 시장 점유율'을 보자. 왼쪽 그래프는 클라우드 인프라 서비스 시장의 지속적인 성장을 보여주고 있는데, 2019년에서 2020년 사이에 보여준 성장률은 무려 33%가 넘어간다. 이렇게 훌륭한 비즈니스 환경에서 아마존의 시장 점유율은 어떨까? 오른쪽에 나와 있듯이 2020년 2분기를 기준으로 글로벌 클라우드 시장에서도 33%라는 점유율을 유지하며 부동의 1위 자리를 고수하고 있다.

한 분야에서 성공하기도 쉽지 않은 것이 비즈니스 세계인데 '이커머스'와 '클라우드'라는 잠재력 있는 두 사업분야에서 당당하게 1위를 차지하고 있는 아마존이 우리의 소중한 자산을 투자할 만한 충분한 가치가 있어 보이지 않는가?

다음 기업 소개로 넘어가야 하는데, 이대로 아마존을 보내기에는 아쉬울

[글로벌 클라우드 인프라 시장 규모와 시장 점유율]

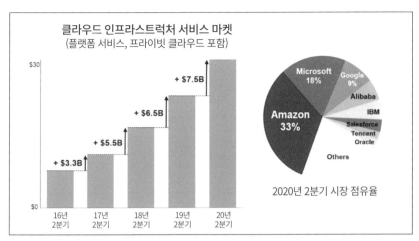

• 주: ① 왼쪽 그래프의 세로축은 '글로벌 매출 현황'
    ② B는 빌리언 달러(10억 달러)
• 출처: 시너지리서치그룹

것 같다. 아마존은 이커머스, 클라우스 서비스 외에도 많은 사업분야를 개척하고 있다. 아마존의 디지털 광고 매출은 지난 몇 년간 평균 30% 이상의 성장을 자랑하더니만 어느새 구글(GOOG)과 페이스북(FB)을 위협하는 3위 자리까지 올라와 있다. 제품 검색만 따로 따져 보면, 이미 66%의 소비자의 선택을 받으며 일찌감치 구글을 제치고 선두 자리에 있다.

그뿐만이 아니다. 아마존은 이미 아마존 뮤직(Amazon Music)과 아마존 프라임(Amazon Prime)을 통해 엔터테인먼트 시장에 진출했으며 아마존 에코(Amazon Echo)를 필두로 스마트 기기(Smart Devices) 쪽에도 투자를 아끼지 않고 있다. 2018년에는 필팩(Pillpack)을 인수하면서 헬스케어분야에도 진출, 아마존 온라인 약국 사업에도 뛰어든 상태다.

마지막으로 아직 구체적인 사업 모델은 눈에 띄고 있지 않지만 아마존에 투자하고 있는 주주라면 주목해야 할 사실이 있다. 아마존이 2013년부터 2017년까지 무려 11개의 인공지능 관련 회사를 인수해왔다는 것이다. 아마존이 지금까지 성공적으로 확장시켜왔던 대부분의 사업 모델들은 가까운 미래에 인공지능이라는 새로운 레버리지와 결부되면서 우리가 상상할 수 없는 새로운 형태의 시너지를 보여줄 가능성이 매우 높다. 이상 필자가 '아마존빠'가 될 수밖에 없었던 배경을 독자 여러분과 공유해봤다.

스퀘어(SQ)

주식 투자에 관심이 있다면 '핀테크(FinTech)'라는 단어는 한 번쯤은 들어봤을 것이다. 핀테크는 'Finance'와 'Technology'의 합성어로, 발전된 기술을 이용해 돈과 관련된 우리의 삶을 편리하게 만들어주는 기업들, 그리고 그 기업들의 서비스를 지칭하는 말이다.

이제 살펴볼 회사는 핀테크의 대표 주자인 '스퀘어'다. 스퀘어는 한국 투자자들에게는 다소 생소할 수도 있으나 미국 현지에서는 전통적인 개념의 은행 비즈니스를 대체할 만한 파괴력을 지닌 기업으로 평가받고 있다.

스퀘어라는 기업의 이름이 말해주듯이 이 회사의 비즈니스 모델은 정사각형 모양의 카드 리더기에서 시작했다.

스퀘어는 이 작은 카드 리더기를 통해 카드 단말기 구비 및 등록이 부담스러운 영세 상인들의 현장 결제를 도와준다. 한마디로 카드사와 가맹점 사이를 연결해주는 중간다리 역할을 한다고 할 수 있다.

단편적인 예로, 길거리에서 간이 매점을 설치해놓고 햄버거나 핫도그를 판매하는 영세 상인들은 예전 같았으면 현금 결제가 가능한 손님들만

[스퀘어의 카드 리더기]

• 출처: squareup.com

을 상대로 장사를 해야 했다. 그러나 스퀘어의 등장으로 이렇게 작은 비즈니스를 하는 소상공인들 역시 카드 결제만을 고집하는 고객들을 포기하지 않을 수 있게 됐다.

이렇게 간단하지만 혁신적인 아이디로 시작했던 스퀘어의 사업은 이제 그 범위가 제법 확장되어 다음 페이지의 '스퀘어의 비즈니스 모델'에서 보여주는 것처럼 다양한 형태의 서비스를 제공하며 수익을 창출하고 있다.

스퀘어는 매우 독특한 상품과 서비스의 비즈니스 생태계를 구축하고 있다. 먼저 '스퀘어의 비즈니스 모델' 위쪽에 나와 있는 사업 모델은 가맹점 비즈니스(Seller)라고 부른다. 단순히 카드 리더기를 갖고 결제 서비스를 제공하는 데서 끝나지 않고, 결제 관리 시스템(Point of Sale), 영수증 발급, 급여 관리, 매출 분석, 청구서 관리, 나아가 고객 관리나 마케팅까지 지원하여 소상공인들이 창업할 때 어려움을 겪을 수 있는 경영 관리의 전반적

[스퀘어의 비즈니스 모델]

• 출처: squareup.com

인 부분을 커버해주고 있다. 또한, 소상공인들이 접근하기 어려운 기존의 은행 시스템을 대신해 소규모의 사업 자금 대출까지 지원해줌으로써 그야말로 스퀘어와 함께라면 창업의 복잡한 과정이 한번에 해결될 수 있도록 도와주면서 구세주와 같은 역할을 하고 있다.

그러다 보니 자연스럽게 매년 가맹점 수와 매출이 급증하고 있는데, 다음의 '스퀘어 가맹점 수와 가맹점 비즈니스의 총수익 증가 추세'에서 확인할 수 있는 것처럼 2015년부터 2019년까지 단 4년 동안 스퀘어의 가맹점 비즈니스를 이용하는 가맹점 수는 1.7배 증가했으며 같은 기간 가맹점당 총수익의 규모는 2.3배 성장한 모습을 보이고 있다.

[스퀘어 가맹점 수와 가맹점 비즈니스의 총수익 증가 추세]

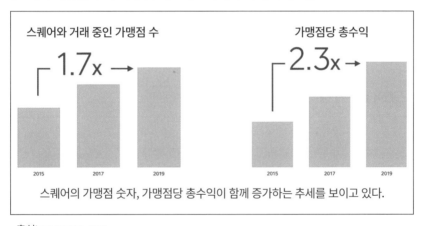

• 출처: squareup.com

스퀘어의 두 번째 비즈니스 모델은 캐시 앱(Cash App) 비즈니스라고 부르는데 우리와 같은 일반 대중을 대상으로 만든 애플리케이션이다. 캐시앱 비즈니스는 2014년 지인들끼리 손쉽게 현금을 송금하고 받을 수 있는

4장 미국 주식, 어디에 투자해야 하나?

간단한 기능으로 출발했다. 이후 점점 발전해 2017년에 이르러서는 ATM이나 상점에서 이용할 수 있는 현금 카드(Cash Card)의 기능을 갖게 됐고, 다이렉트 디파짓(Direct Deposit, 계좌 입금) 서비스까지 제공해 사실상 은행이 수행하는 일반적인 기능을 모두 처리할 수 있게 됐다.

최근에는 같은 앱으로 비트코인이나 주식 매매까지 가능해지면서 은행의 업무와 증권회사의 업무를 동시에 처리할 수 있는 원스톱 서비스를 제공하고 있다. 2015년에는 연간 100만 건에 불과했던 캐시 앱을 통한 거래가 2019년에는 20배가 넘는 2,400만 건으로 기하급수적으로 늘어났으며 최근 3년만 따져 봐도 캐시 앱의 거래 건수는 3배가 넘는 미친 성장률을 보여줬다.

이렇듯 스퀘어는 진행 중인 가맹점 비즈니스와 캐시 앱 비즈니스, 2가지 사업분야에서 모두 대성공을 거뒀고 지난 5년간 발생한 총수익(Gross Income)은 연평균 40%가 넘는 최고 성장주로서의 면모를 과시하고 있다.

[스퀘어 총수익 증가 추세]

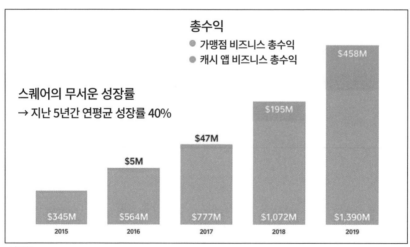

• 출처: squareup.com

스퀘어의 성장은 여기서 멈추지 않을 가능성이 높다. 스퀘어가 지금까지 달려온 길보다는 가야 할 길이 훨씬 더 길게 남아 있기 때문이다. 스퀘어 경영진이 바라보는 스퀘어의 시장 총규모는 가맹점 비즈니스[1,000억 달러(110조 원)]와 캐시 앱 비즈니스[600억 달러(66조 원)]를 합쳐 총 1,600억 달러(176조 원)에 이른다. 여기서 현재 스퀘어가 차지하고 있는 마켓 점유율은 가맹점 비즈니스가 3% 내외에 그치고 있고, 캐시 앱 비즈니스가 2%가 채 되지 않는 상황이다.

가맹점 비즈니스의 경우 기존 소상공인에 치중했던 판촉활동을 다소 규모가 큰 사업체로까지 확장하여 가맹점 수와 가맹점 수당 수익을 동시에 성장시키는 스마트한 전략을 펼치고 있다.

캐시 앱 비즈니스는 코로나19의 특수를 톡톡히 누리고 있다. 2019년에 발표된 〈세계 결제 보고서(Worlds Payment Report)〉에 따르면, 2020년에는 전체 결제 거래의 51.1%가 비현금방식으로 이뤄질 것으로 봤으며 2022년에 가서는 전체 결제 거래 건의 57.7%가 현금이 아닌 다른 결제방식으로 이뤄진다고 전망했다(다음 페이지의 '비현금 결제 비중의 증가' 참고).

이러한 전망은 2020년 뜻밖에 찾아온 코로나19의 영향으로 그 진행 속도가 배가 되고 있는 상황이며 이 추세는 앞으로도 꾸준히 이어질 가능성이 높다. 라이티고(Lightico)가 올해 진행한 조사 결과에 따르면, 미국인 응답자의 82%가 은행에 가기가 꺼려진다고 응답했으며 63%가 디지털 앱을 통해 각종 결제를 진행한다고 응답했다. 이러한 결제 시장의 큰 변화 속에서 꾸준히 매출을 증대시키고 마켓의 규모를 넓혀나가는 스퀘어는 분명 우리를 부자로 만들어줄 잠재력을 지닌 종목임에 틀림이 없다.

[비현금 결제 비중의 증가]

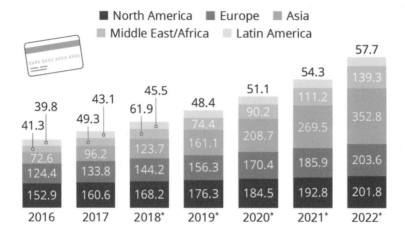

■ North America ■ Europe ■ Asia
■ Middle East/Africa ■ Latin America

	2016	2017	2018*	2019*	2020*	2021*	2022*
(상단)	39.8 / 41.3	43.1	45.5 / 61.9	48.4	51.1	54.3	57.7
Latin America							139.3
Middle East/Africa	72.6	96.2	123.7	74.4	90.2	111.2	352.8
Asia	124.4	133.8	144.2	161.1	208.7	269.5	203.6
Europe				156.3	170.4	185.9	203.6
North America	152.9	160.6	168.2	176.3	184.5	192.8	201.8

- 주: ① 2019년에 발행된 〈세계 결제 보고서〉에 게재된 추정치 기준
  ② 단위: 10억 달러
- 출처: 캡제미니

페이스북(FB)

우리를 부자로 만들어줄 다음 후보 주자는 필자가 가장 아끼는 기업 중 하나인 '페이스북'이다. 필자는 1997년 처음 외국에서 거주를 시작한 이후, 지난 24년 중 20년이라는 오랜 시간 동안 타향살이를 해오고 있다. 그러다 보니 한국에 남아 있는 가족, 친구, 친지들과 인연의 끈을 이어가기 위해 자연스럽게 소셜 미디어(Social Media) 채널들을 자주 애용하게 됐고 그중에서도 페이스북은 자칫 향수병에 빠져 지낼 수 있었던 고비의 순간들을 버티게 도와준 고마운 삶의 활력소 중 하나였다.

우리 현대인들의 삶은 하루가 다르게 더 삭막하고, 적막하고, 경쟁이 팽배해지는 방향으로 흘러가고 있는데, 이러한 암울한 현실에서 페이스북은 아직까지 살아 있는 인간적인 가치들을 주고받을 수 있는 몇 안 되는 소통의 장소가 아닐까 한다.

혼자 쓸쓸하게 살아가기는 싫었던 사람이 필자 하나만은 아니었나 보다. 10년 전만 해도 정기적으로 페이스북을 이용하는 사용자 수가 5억 명 정도였다. 그런데 10년간 꾸준히 늘어나면서 이제는 전 세계적으로 27억 명이라는 믿기 어려울 정도로 많은 사람이 페이스북을 통해 자신의 삶을 공유하며 살아가고 있다. 이 숫자가 갖고 있는 의미는 인터넷에 접속하고 있는 전체 인구 중 60.6%가 페이스북을 이용한다는 뜻으로 해석될 수 있으니 페이스북은 가히 가공할 만한 영향력을 지니고 있는 기업이라고 평가할 수 있다.

[전 세계 페이스북 사용자 수 증가 추세]

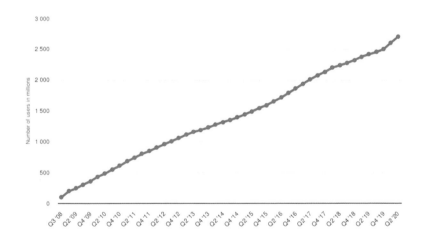

• 주: 2020년 2분기 기준 | 단위는 백만 명
• 출처: 스타티스타

투자 종목으로서도 페이스북에 대해 필자가 하고 싶은 이야기는 너무나도 많다. 그런데 하나하나 구체적으로 살피고 넘어가려면 책 하나를 따로 집필해야 할 것 같아 가장 핵심적인 내용만 정리해봤다.

[페이스북 SWOT 분석]

STRENGTH(강점)	WEAKNESS(약점)
• 꾸준한 매출 증가(지난 5년간 연평균 매출 성장률 40.55%) • 곳간에 쌓아놓은 현금성 자산(580억 달러 | Current Ratio 6.02) • 타의 추종을 불허하는 Profit Margin(31.29%) • 엄청나게 높은 ROE(Return On Equity, 22.09%) • PER을 압도하는 Earning 성장률(PEG Ratio 1.70) • 27억을 뛰어넘는 사용자 수(Monthly Active Users) • 전 세계 70여 개국의 언어로 소통 가능 • 그동안 축적되어온 27억 명에 대한 빅데이터	• 높은 ESG 점수: 환경적, 사회적, 규범적 영향에 쉽게 노출 • 높은 주가(Price To Earning Ratio 31.74) • 주춤거리는 선진국 성장률 • 주주 환원(No Dividend) • 광고 매출에 대한 지나치게 높은 의존(전체 매출의 98%) • 낮은 NPS(Net Promoter Score −21): 부정적 기업 이미지
OPPORTUNITY(기회)	THREAT(위협)
• 새로운 비즈니스 모델(이커머스 & 결제 플랫폼) • 개발도상국에서 현재 진행형인 모바일 시장의 성장 • 새로운 시장 개척(예: 증강현실 관련 스케이프테크놀로지 인수) • 언택트 시대의 도래와 고착화 • 중국 시장 • 왓츠앱을 이용한 수익 창출	• 정부 규제와 개인 정보 보호법의 강화 • 강력한 경쟁자들의 등장(틱톡, 유튜브) • 사회, 정치적 이슈로 인한 보이콧 • 광고 차단 확장 프로그램의 개발 • 기성세대로 넘어가고 있는 기업 이미지

• 주: 2020년 10월 기준
• 출처: 유튜브 '미국 주식으로 은퇴하기'

지금 현재의 모습만 단편적으로 살펴보면 '페이스북의 황금시대는 이제 지나간 것이 아닌가?'라는 의문을 제기하는 투자자도 많을 것이다. 그도 그럴 것이 사용자별 수익이 현저하게 높은 대부분의 선진국에서는 페이스북 이용자 수가 이미 포화상태에 이르고 있는 상황이며 무섭게 치고 올라오는 유튜브나 틱톡과 같은 젊은 피들과의 피 튀기는 경쟁도 만만치 않아 보인다.

하지만 페이스북은 소리소문없이 미래의 먹거리들을 하나하나 준비하고 있다. 가상현실(VR)과 증강현실(AR) 기술에 끊임없이 투자하고 있는 페이스북은 2020년 초에 영국의 컴퓨터 비전 스타트업 회사인 스테이프테크놀로지를 인수하며 이 분야에 대한 투자에 박차를 가하고 있다. 나아가 이미 페이스북이라는 플랫폼을 통해 광고를 하는 기업들에게 증강현실 광고 툴을 제공하며 경쟁사들과 차별화된 디지털 광고 플랫폼으로 거듭나고 있다.

[페이스북의 증강현실 디지털 광고]

• 출처: facebook.com

또한 페이스북은 최근 들어 이커머스 시장 진출에도 상당히 적극적인 행보를 보여주고 있다. 2020년 5월에 페이스북은 온라인 매장인 '페이스북숍(Facebook Shops)'을 출시한다고 발표했다. 페이스북은 이 프로젝트를 성공적으로 이끌기 위해 쇼피파이(SHOP), 빅커머스(BIGC) 등과 협업 중이며 이미 확보되어 있는 27억 명의 페이스북 이용자들이 페이스북 안에서 판매자들과 자유롭게 소통하면서 주문, 결제, 배송 추적까지 한꺼번에 처리할 수 있는 원스톱 서비스를 제공할 계획이다. 어쩌면 페이스북이 소셜 플랫폼들을 이커머스에 활용할 계획은 이미 오래전부터 치밀하게 준비되어 왔을지도 모를 일이다.

필자의 개인적 견해로는 페이스북의 이커머스 비즈니스 진출은 가볍게 넘길 문제가 아니다. 소비자는 구매 의사가 확실히 있을 때만 온라인 쇼핑 사이트에 들어가거나 온라인 쇼핑 앱을 클릭한다. 그러나 페이스북의 경우에는 다르다. 잠재 소비자인 사용자가 자연스럽게 페이스북을 즐기는 동안, 각 사용자에 대한 정보 대부분을 확보한 페이스북의 인공지능이 적극적으로 작동해 충동구매까지 하게 만들 상품 또는 서비스를 지속해서 광고한다면 어떨까? 그런 광고의 영향으로 인해 구매까지 이어질 성공 확률이 매우 높아질 것이다. 이 과정이 현실로 드러나게 되면 페이스북에 광고를 넣으려는 비즈니스 기업들은 줄을 설 것이고, 그 결과 페이스북의 광고 매출과 이커머스 매출은 동반 상승할 수 있는 시너지를 발휘할 가능성까지 있다.

이러한 이유로 페이스북에 대한 필자의 사랑은 오히려 커지고 있으며 아마존과 페이스북이 벌일 이커머스의 한판 대결은 생각만 해도 즐거운 상상이 되고 있다.

퀄컴(QCOM)

앞에서 우리는 2021년부터 2027년까지 5G 시장이 매년 평균 43.9% 성장할 것이라는 전문가들의 예상을 살펴봤다. 따라서 5G 기술이 발전하고 보급되는 데 있어 가장 많은 수혜를 받게 되는 기업을 찾아 투자한다면, 우리의 투자 수익률은 하늘을 날아가는 때가 오지 않을까? 우리가 5G의 미래에 투자한다고 했을 때 퀄컴이 필자의 판단으로는 최선의 선택이라고 본다.

퀄컴은 이미 5G의 미래에 올인하고 있는 기업이다. 지난 2017년 자체 보고서에서 5G 통신 기술이 2035년에 12조 3,000억 달러(1경 3,530조 원)에 달하는 가치를 갖고 있으며 2,200만 명의 새로운 고용을 창출할 것이라는 전망을 내놓았다. 이 보고서는 5G가 2035년에 이르러 전 세계의 유통, 교육, 대중교통, 엔터테인먼트 등 모든 산업에서 실현될 것으로 예상했다.

2035년까지 5G가 주요 산업분야에서 창출할 제품, 서비스의 총액은 무려 12조 3,000억 달러(1경 3,530조 원)다. 이는 2016년 미국 전역의 전체 소비액과 비슷하며 중국, 일본, 프랑스, 독일, 영국 등 5개국의 소비액 합산치를 웃도는 규모다. 2G·3G·4G 모바일 세대가 만들어낸 산업 가치도 뛰어넘는 수치다. 이렇듯 5G에 대한 수요가 기하급수적으로 늘어난다면 5G 관련 장비의 수요 역시 무서운 속도로 증가될 것이 불 보듯 뻔하다.

퀄컴은 이런 장비들에 들어가는 칩과 기술을 갖고 부를 창출하는 기업이다. 퀄컴은 이미 2G, 3G, 4G로 이어지는 네트워크의 발전과정에서 주도적인 역할을 해왔다.

1995년 2G 기술이 세상에 등장하던 무렵에 퀄컴이 무선 장치의 선두주자로 우뚝 서게 되는 일이 발생한다. 퀄컴은 이 시대에 이미 다수의 송신기가 단일 채널을 통해 동시에 정보를 보낼 수 있도록 해주는 핵심기술인 CDMA(Code-Division Multiple Access)의 과도적 표준인 IS-95라는 기술을 도입했으며 이러한 퀄컴의 기술이 전 세계 2G의 표준으로 채택된 것이다. 그 이후 퀄컴의 기술은 3G, 4G로 이어지는 다음 세대의 무선 통신 기술에서도 표준이 되어 사용됐으니 그 기간 동안 퀄컴의 매출이 가파른 성장세를 보여준 것은 어쩌면 당연한 일이었다. 전 세계가 3G에서 4G로 한참 갈아타던 2010년에서 2013년, 단 3년이라는 시간 동안 퀄컴의 매출은 110억 달러(약 12조 원)에서 250억 달러(약 27조 원)로 2배 이상 상승했고 연평균 성장률은 31%가 넘어간 전례가 있다.

더 중요한 포인트가 있다. 이제부터 시작되는 본격적인 5G로의 전환 시기에도 퀄컴이 중추적인 역할을 할 것이라는 점이다. 퀄컴은 이미 5G에 필수적인 기술에 대한 특허를 보유하고 있다. 이 특허로 5G 관련 장비를 제조하거나 판매하는 기업으로부터 라이선스(Licence) 관련 비용을 받을 수 있다. 퀄컴의 라이선스를 이용하는 회사는 스마트폰 제조사를 포함해 전 세계 수백 곳에 이르는 상황이며 이 기업들 중에는 우리가 잘 아는 애플(AAPL), 삼성, 소니(SNE), 샤오미 등도 포함되어 있다.

다음의 '퀄컴 라이선스 주요 고객사의 5G 칩 전망'은 퀄컴의 주요 고객사가 2021년에 출하할 5G 칩의 예상 규모와 그중 퀄컴이 차지하고 있는 점유율을 보여주고 있다.

이 와중에 퀄컴은 2020년 7월에 5G 밀리미터파 데이터 콜을 세계 최초로 성공했다고 발표했다. 5G 선진국 한국에서의 5G 밀리미터파 상용화가 임박했다는 말이 나오는 것을 보면 사실상 관련 생태계 조성이 완료된 것

[퀄컴 라이선스 주요 고객사의 5G 칩 전망]

주요 고객	2021년 총출하량	5G 칩 비중	퀄컴 공급량
애플	210	74%	155
삼성	275	24%	65
샤오미	125	18%	22
오포	100	45%	45
비보	100	45%	45
리얼미	50	15%	7
기타	300	5%	15

• 단위: 백만 달러
• 출처: 미국 주식 이야기(usstockstory. com)

으로 추측할 수 있다. 이러한 생태계를 조성한 것이 바로 퀄컴이다.

미국의 데이터 속도 측정 애플리케이션인 우클라(Ookla)에 따르면, 5G 밀리미터파의 속도는 중간 대역 5G에 비해 4배 이상 빠른 것으로 알려졌다. 참고로, 밀리미터파는 고화질 비디오, 클라우드 게임, 고화질 화상 회의 등에 대한 수요 급증을 충족하는 데 필수적인 요소이며, 5G 밀리미터파는 비용 측면에서 파이버나 케이블보다 효율적이라고 한다. 따라서 앞으로 가정과 회사 내 인터넷 접속뿐만 아니라 인터넷 환경이 열악한 지역에서도 큰 효과를 발휘할 것이라고 한다. 특히, 멀티 기가 비트 속도를 제공해 기업 및 산업용 앱의 원활한 작동에 기여할 것이라는 평가가 있다.

5G는 스마트 팩토리, 이동식 산업용 로봇, 스마트 시티 인프라, 스트리밍 서비스, 증강현실 등 그 활용범위가 워낙 넓고 다양해서 사실 5G 하나만 갖고도 퀄컴의 투자 가치는 매우 높다. 하지만 퀄컴은 이외에도 매우 매력적인 투자 포인트를 갖고 있는데 바로 배당금이다.

퀄컴은 현재 주가 기준 PE Ratio(주가 순이익 비율)가 50을 넘어가는 상황인데도 배당률이 2%가 넘는 배당주다. 더욱이 과거 17년 동안 퀄컴의 배당금은 단 1년도 쉬지 않고 꾸준히 늘어났으며 지난 5년만 따로 살펴보면 연평균 배당금의 성장률이 9.02%에 달한다.

[퀄컴의 배당 내역 요약]

배당률	연배당금	배당 순이익 비율	배당 성장률 (과거 5년)	배당 연속 지급 연수
2.08%	2.6달러	66.44%	9.02%	17년

• 출처: seekingalpha.com

5G 시대의 주인공으로서 꾸준한 성장과 안정적인 배당 수익을 동시에 안겨주는 퀄컴은 우리가 꿈꾸는 풍요로운 은퇴의 동반자로서 전혀 손색이 없어 보인다.

테슬라(TSLA)

필자가 마지막으로 추천하는 기업은 한국 투자자들이 가장 사랑하는 '테슬라'다.

2020년 10월 초, 한국예탁결제원의 증권 정보 포털 사이트인 세이브로(seibro.or.kr)에 따르면, 한국 투자자들의 테슬라 주식 보유 잔액이 약 40억 달러(약 4조 4,000억 원)로 해외 주식 중 가장 많았다. 2위 애플이 약 25억 달러(약 2조 7,500억 원), 3위 아마존이 20억 달러(2조 2,000억 원)가 채 되지 않으니 테슬라에 대한 한국 투자자들의 믿음은 상당히 굳건해 보인다.

[외화증권 예탁 결제 Top 10]

순위	국가	종목코드	종목명	보관금액
1	미국	US88160R1014	TESLA MOTORS	3,981,380,800
2	미국	US0378331005	APPLE COMPUTER INC.	2,460,732,568
3	미국	US0231351067	AMAZON COM INC	1,971,529,960
4	미국	US67066G1040	NVIDIA CORP	1,192,063,671
5	미국	US5949181045	MICROSOFT CORP.	1,145,288,062
6	미국	US02079K3059	ALPHABET INC. CLASS A COMMON STOCK	816,185,837
7	미국	US4180561072	HASBRO INC	474,236,493
8	미국	US46090E1038	INVSC QQQ S1	443,868,706
9	미국	US30303M1027	FACEBOOK	266,341,894
10	미국	US0970231058	BOEING COMPANY	230,706,018

• 주: 단위는 달러

• 출처: 세이브로

    2019년 말만 해도 한국 투자자들이 보유한 테슬라 주식 규모는 전체 해외 주식 가운데 8위에 해당하는 1억 4,479만 달러(약 1,600억 원) 정도에 그쳤다. 그런데 1년도 되지 않는 시간에 한국 투자자들의 테슬라 주식 보유 규모는 27배 이상 증가했다. 테슬라 주식 전체의 1% 가까운 지분을 한국 투자자들이 보유하고 있다고 하니 한국 투자자들의 테슬라 사랑은 참 남다르다 할 수 있다.

    지금 이 책을 읽고 있는 독자 여러분 중에도 상당수가 테슬라 주식을 보유하고 있는 주주일 가능성이 높은데, 사실 테슬라 투자는 어려운 점이 한 가지 있다. 공부하기가 너무너무 어렵다는 점이다.

    우리가 장기적인 관점을 갖고 건강한 투자를 진행하기 위해서는 투자하고 있는 기업의 내재 가치와 비즈니스 모델, 그리고 실적에 대한 충분한 이해가 전제되어야 하는데 테슬라는 이 부분에 대한 분석이 다른 기업에 비해 너무나 어려운 종목이다.

일단 테슬라의 PE Ratio(주가 순이익 비율)는 1,000을 넘어간다. 즉, 테슬라가 현재 1년간 만들어내는 순이익에 1,000배를 곱해야 테슬라의 시가총액이 나온다는 말이다. PS Ratio(주가 매출 비율) 역시 높기는 마찬가지다. 2019년만 해도 1.5~3.0 사이였는데 2020년 하반기에는 15.0을 넘어가는 상황이다. 현재 테슬라가 만들어내는 1년 치 매출을 단 한 푼도 쓰지 않고 15년 이상 모아야 테슬라라는 기업을 살 수 있다는 것이다. 주가가 1주당 순자산의 몇 배로 매매되고 있는가를 표시해주는 PB Ratio(주가 순자산 비율) 역시 40.0이 넘어가는 상황이다. 즉, 테슬라라는 기업의 장부상 가치보다 기업 가격이 40배 이상 비싸다는 말이다. 따라서 현재 테슬라라는 종목이 보여주는 수치적인 분석만으로는 테슬라라는 주식은 투자 가치가 매우 떨어져 보인다.

결국 '오늘의 테슬라'보다는 '내일의 테슬라'에 투자한다는 말인데, 문제는 미래의 투자 가치를 예측하기도 힘들다는 것이다. 테슬라를 전기차 기업으로 봐야 할지, 혁신적인 에너지 기업으로 봐야 할지, 아니면 애플(AAPL)의 뒤를 따라가는 소프트웨어 플랫폼 기업으로 봐야 할지 정신이 없다.

기업의 사업분야가 다양한 데다 끊임없이 진화하는 모습을 보이고 있는 까닭에 우리와 같은 개인 투자자들이 테슬라의 비즈니스 모델을 완전히 이해하고 기업의 변동 상황을 모니터링하기에는 너무 버거운 것이 사실이다. 같은 이유로 애널리스트들이 내놓는 테슬라의 향후 실적이나 목표 주가 역시 너무 대중없이 다양하다. 이렇게 10년 후는 물론이고, 당장 5년 후에 테슬라가 과연 어느 정도의 매출과 수익을 발생시킬지 가늠하기가 매우 어려운 상황이다. 상황이 이렇다 보니 장기적인 관점에서 테슬라의 미래에 베팅하는 투자자 외에도 단기적인 변동성을 이용해 한몫 챙기고자 주식 시장에 뛰어든 투기꾼이나 공매도꾼들에게도 인기가 가장 많은 주식이 되었다.

문제는 테슬라의 주가가 투자자보다 트레이더나 공매도꾼의 매매에 의해 좌지우지되는 상황이 자주 연출되면서 초보 투자자들의 마음이 흔들리고 심란하게 되는 경우가 많아졌다는 것이다. 게다가 워낙 기업 가치나 비즈니스 예측에 대한 분석이 어려운 기업이다 보니 남의 말만 듣고 테슬라 주식을 매수한 투자자가 대부분인데, 이렇게 선행학습이 뒷받침되지 않는 투자자들은 주식이 10%만 급락해도 엄청난 스트레스와 압박에 시달리면서 결국 처음에 마음먹었던 장기 투자를 하지 못하고 주식을 팔아 버린 안타까운 결과로 이어질 수 있다.

따라서 필자의 견해로는, 어떻게 하든지 테슬라 투자에 대한 정당성을 수치적인 분석으로 확보함으로써 우리가 장기적인 투자를 하는 데 가장 중요한 요소 중 하나인 기업에 대한 '확신'을 스스로에게 심어줄 수 있어야 한다. 필자는 테슬라의 미래 가치에 대한 확신을 전기차 시장 규모의 성장에서 찾을 생각이다.

앞으로 전기차 시장의 규모는 얼마나 성장할까? 다음 페이지의 '전기차 시장의 성장 예측'은 자동차 시장이 향후 10년 동안 어떻게 변화할지 예측한 수치를 보여준다.

2019년 1년 동안 판매된 BEV(Battery Electric Vehicle, 전기차) 수는 전 세계적으로 200만 대가 조금 넘는 수준이었다. 새로 판매되는 차량 40대 중 1대꼴로 전기차가 판매된 셈이므로 시장 점유율이 2.5% 정도에 불

[전기차 시장의 성장 예측]

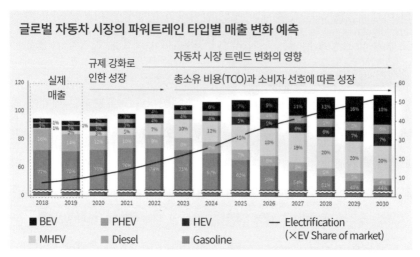

글로벌 자동차 시장의 파워트레인 타입별 매출 변화 예측

- 주: ① 왼쪽의 세로축은 '판매 수(단위: 백만 대)', 오른쪽의 세로축은 '전기화(%)'이다.
  ② BEV(Battery Electric Vehicle): 100% 순수 전기차 / PHEV(Plug in Hybrid Electric Vehicle): 플러그 인 하이브리드, 내연기관과 전기 모토를 함께 사용하고 배터리 충전이 가능한 방식 / HEV(Full Hybrid Electric Vehicle): 하이브리드, 시동을 걸거나 고속 주행 시에만 내연기관을 사용하고 배터리를 따로 충전하지 않는 방식 / MHEV(Mild Hybrid Electric Vehicle): 플러그 인과 하이브리드의 중간 단계
  ③ 반올림으로 인해 수치의 합이 100%가 아닐 수 있음.
  ④ 차량 공유 서비스의 확산으로 인한 소비자 행동 변화를 포함한 예상치임.
- 출처: BCG 애널리시스

과했다는 말이다. 이 수치는 세계적으로 내연기관(Internal Combustion Engines) 차량에 대한 규제가 강화되는 시점인 2027~2030년부터 기하급수적으로 늘어날 것으로 예상되고 2030년에 이르면 전 세계 자동차 시장의 18%는 BEV가 차지하게 될 전망이다.

그렇다고 나머지 부분이 내연기관으로 넘어가는 것은 아니다. 6%는 PHEV, 7%는 HEV, 20%는 MHEV로 이뤄질 전망이며 내연기관 자동차의 시장 점유율은 50% 이하로 떨어진다는 예측이 나오고 있다.

이러한 예측이 현실화가 되면, 10년 후인 2030년에는 전기차가 자동차 전체 시장의 최소 50%를 구성하게 된다. 2030년 자동차 전체 시장의 예상 판매 대수가 1억 1,000대에서 1억 2,000대 정도로 예상되기 때문에 2030년에 판매될 수 있는 전기차의 숫자는 5,500~6,000만 대 정도라는 계산이 나온다.

그렇다면, 2030년이 되면 판매될 것으로 기대되는 5,500~6,000만 대 중에서 테슬라가 차지할 수 있는 점유율은 어느 정도가 될까? 2020년 현재, 테슬라가 보여주고 있는 시장 장악력을 기준으로 직접 계산해보자.

2020년 상반기에 판매된 자동차 수를 기준으로 전기차 시장의 시장 점유율을 확인해보면, 테슬라는 6개월 동안 총 17만 9,050대의 차량을 판매해 전기차 시장에서 28%의 점유율을 보이고 있다.

[전기차 시장 점유율]

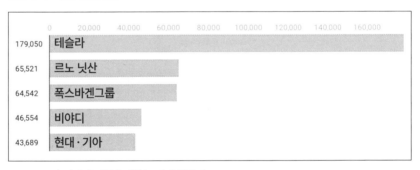

• 주: 2020년 전반기 기준 | 단위는 판매 차량 수
• 출처: 클린 테크니카

향후 하이브리드(Hybrid) 자동차는 순수 전기차 쪽으로 흡수될 것이라는 전제하에 2030년 테슬라가 판매할 수 있는 전기차 대수는 다음과 같다.

- 현재 시장 점유율 유지(전기차 시장의 28%): 1,680만 대

- 배터리와 차량 가격 인하로 인한 시장 점유율 상승(전기차 시장의 35%): 2,100만 대

- 심화된 경쟁으로 시장 점유율 하락(전기차 시장의 20%): 1,200만 대

다음의 JPR프로젝션(JPR Projections) 자료를 보면, 2030년까지 테슬라의 전기차 판매 대수가 2,000만 대를 넘을 것으로 예상하는 전문가도 있는 것으로 생각된다. 즉, 향후 10년 동안 테슬라의 시장 점유율이 현재보다 향상된다는 전망인 것이다.

사실 2030년까지 2,000만 대의 전기차 생산을 기대하고 있는 것은 마

[테슬라 전기차 판매 예측]

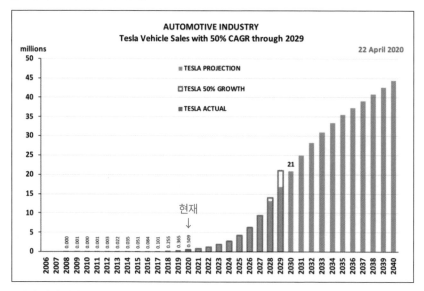

- 단위: 판매 차량 수
- 출처: JPR프로젝션

켓의 전문가뿐만이 아니다. 테슬라의 혁신을 이끌어온 최고경영자(CEO) 일론 머스크(Elon Musk)는 지난 2020년 9월 28일에 테슬라가 2030년이 오기 전에 2,000만 대의 전기차 생산이 가능할 것이라며 만천하에 자신 있게 트윗을 날렸다.

[일론 머스크의 트위터]

테슬라가 2020년 목표로 하고 있는 전기차의 총판매 대수는 50만 대다. 2030년까지 2,000만 대라는 놀라운 숫자를 현실로 만들 수만 있다면 테슬라의 자동차 판매 매출은 이론상 40배 가까이 올라갈 수 있다. 2020년 9월 배터리데이에서 일론 머스크는 3년 내에 2만 5,000달러(2,750만 원)짜리 전기차를 만들겠다는 계획을 내놓은 상황이라 전기차 1대당 매출은 현재보다 현저히 떨어질 가능성도 있다. 그렇기 때문에 2,000만 대라는 황당한 목표가 이뤄질 가능성 역시 존재한다. 테슬라가 만약에 모델3(Model 3) 정도 수준의 차량을 2만 5,000달러(2,750만 원)에 판매한다면 자동차업

계에는 커다란 지각 변동이 일어날 수 있다.

지금까지 우리는 실적을 기반으로 전기차 사업부분에서 테슬라의 투자 가치에 대한 확신을 어느 정도는 할 수 있었다. 자동차회사의 자동차 판매 대수가 10년 내에 지금 수준에서 40배 넘게 올라갈 수만 있다면 투자자 입장에서 무슨 걱정거리가 남겠는가?

그런데 테슬라는 이것이 전부가 아니다. 우리는 기억해야 한다. 테슬라는 소프트웨어를 판매하며 서비스를 제공하는 플랫폼 기업인 동시에 획기적인 성능의 배터리를 만드는 에너지 기업이 될 가능성도 배제할 수 없다는 것을 말이다.

테슬라의 소프트웨어 비즈니스를 잠깐 살펴보자. 독자 여러분도 주지하고 있는 것처럼 테슬라는 이미 자율주행분야의 선두주자로서 6,000달러(660만 원)에 자체 개발한 FSD(Full Self Driving, 완전 자율주행) 소프트웨어를 예약 판매하고 있었으며 2020년 7월부터는 그 가격을 8,000달러(880만 원)로 상향 조정했다.

2019년 〈포브스(Forbes)〉가 세계적인 컨설팅회사 맥킨지와 함께 만든 자료에 따르면, 자율주행 소프트웨어 판매에서 기대되는 테슬라의 연간 매출은 2021년에 25억 달러(2조 7,500억 원)를 돌파할 것으로 전망했다. 이는 2021년 테슬라의 예상 매출에서 8% 정도를 차지하는 금액이다. 또한 소프트웨어 판매에서 발생하는 매출은 이후 꾸준히 증가해 2030년이 되면 테슬라 전체 매출의 30%를 차지할 가능성까지 언급했다(다음의 '테슬라 매출 중 소프트웨어의 비중 예상'의 빨간색 박스 참고).

필자는 이 숫자가 매우 흥미롭게 여겨진다. 일론 머스크는 3년 내 테슬라 전기차 가격을 2만 5,000달러(2,750만 원) 수준까지 내리는 것을 목표

[테슬라 매출 중 소프트웨어의 비중 예상]

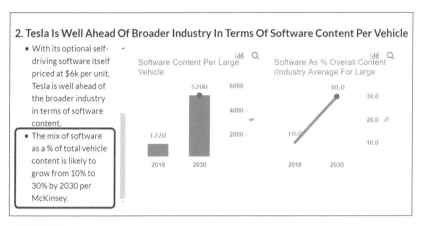

2. Tesla Is Well Ahead Of Broader Industry In Terms Of Software Content Per Vehicle

- With its optional self-driving software itself priced at $6k per unit, Tesla is well ahead of the broader industry in terms of software content.
- The mix of software as a % of total vehicle content is likely to grow from 10% to 30% by 2030 per McKinsey.

• 출처: 맥킨지

로 하고 있는데, 모델3의 현재 가격이 3만 5,000달러(3,850만 원)부터 시작하는 것을 감안하면 현재 시점에서 가장 저렴한 차량보다도 29% 정도의 가격 하락이 있을 수 있다. 이렇게 가격 인하로 발생된 매출 감소를 테슬라는 소프트웨어 판매에서 충분히 커버할 수 있다고 판단하는 것 같다.

지금까지의 내용을 바탕으로 테슬라의 사업 전략을 나름대로 정리하면 다음과 같다.

- 테슬라는 일단 배터리의 가격을 낮추는 데 올인함으로써 차량의 가격을 현저하게 낮추는 데 집중하고 있다.
- 테슬라가 계획한 대로 배터리 가격을 낮추는 데 성공하고 3년 내에 2만 5,000달러(2,750만 원) 정도의 가격으로 판매 가능한 전기차를 생산해낼 수 있다면 테슬라 차량의 판매 대수는 기하급수적으로 증가할 가능성이 높아진다.

• 그렇게 되면 테슬라는 전기차 시장 점유율을 현재 28%에서 35% 이상으로 향상시킬 수 있고, 2030년까지 목표로 했던 2,000만 대의 판매가 가능해진다.

시장 점유율을 높이기 위해 감수했던 차량 1대당 매출 감소는 자율주행 소프트웨어의 판매로 커버함으로써 차량 판매 수, 그리고 전체 매출의 성장을 동시에 달성하게 된다.

지금까지 우리는 테슬라의 전기차 사업, 그리고 자율주행으로 대표되는 소프트웨어분야까지 함께 살펴봤다. 그런데 테슬라의 잠재력에는 '에너지' 분야가 남아 있다.

테슬라는 2016년에 태양광업체인 솔라시티(Solar City)를 인수하면서 에너지 사업에 뛰어들었는데 매출이나 수익 등 실적은 현재 별 볼 일 없다. 아직까지는 테슬라에 대한 투자를 결정함에 있어 핵심적인 내용은 아니라고 판단된다. 하지만 일론 머스크가 전기차 사업에 목숨을 거는 이유 역시 자동차 시장 전체를 환경 친화적인 산업으로 탈바꿈하겠다는 커다란 포부가 담겨 있는 만큼, 에너지섹터에서도 언젠가는 우리를 깜짝 놀라게 할 만한 혁신적인 모습을 보여줄 가능성을 완전히 배제할 수는 없다. 하지만 아직까지는 그냥 덤으로 남겨두자.

*

지금까지 필자와 독자 여러분 모두가 풍요로운 은퇴를 설계함에 있어 든든한 동반자가 될 만한 9개 기업에 대해 함께 공부했다. 노파심에서 한 마디 덧붙이자면, 앞에서 소개된 기업의 리스트는 어디까지나 필자의 개인적인 의견을 바탕으로 작성된 것이다. 투자의 최종 결정은 투자자가 각자의 추가적인 리서치와 학습을 통해 해당 종목에 두터운 확신이 섰을 때 이뤄져야 한다. 타인의 말만 믿고 투자했다가는 거친 파도가 몰려오는 어려운 시기가 닥쳤을 때 보유 종목에 대한 확신 부족으로 인해 큰 낭패를 볼 수 있음을 명심하길 바란다.

7

미주은 포트폴리오 엿보기

이 책을 여기까지 포기하지 않고 읽은 독자 여러분은 이제 4차 산업혁명 시대를 맞이하고 있는 우리가 어떤 산업과 종목에 투자하는 것이 유리할지 어느 정도 감이 왔으리라고 본다.

또한 미국의 주식 시장에는 너무나 많은 기업이 상장되어 있어서 생각보다 투자 가치가 높은 멋진 기업이 정말 많다는 현실을 실감할 것이다. 그래서 투자자의 개인적인 성격이나 투자성향, 투자전략, 혹은 투자기간과 같은 요인들에 따라 매력적으로 다가오는 종목들이 천차만별일 가능성이 높다.

이번에는 필자가 투자하고 있는 종목들을 이 책을 구입해준 소중한 독자 여러분과 여과 없이 공유하려고 한다. 지금부터 나와 있는 수치는 2020년 10월 1일 기준, 필자의 포트폴리오 상황을 그대로 정리한 것이다. 주가는 하루가 다르게 변화하는 변동 지수라서 각 종목의 수익률은 제외했다. 필자의 포트폴리오 실적이나 수익률이 궁금한 독자 여러분은 '미국 주식으로 은퇴하기' 유튜브 채널에서 매달 말에 월말 결산 영상을 만들어 공유하고 있으니 참고하기 바란다.

우선 필자가 보유하고 있는 자산 중 주식에 투자하고 있는 금액과 현금으로 보유하고 있는 자산의 구성 비율을 보자(부동산 제외).

[미주은 자산 배분]

• 출처: 유튜브 '미국 주식으로 은퇴하기'

주식 투자를 할 때 현금을 늘 보유하고 있어야 하는 이유는 크게 2가지다.

첫째, 혹시 찾아올지 모르는 주식 시장 붕괴(Stock Market Crash)에 대한 보험 차원이다.

둘째, 가끔씩 찾아오는 시장의 조정(Correction)이 있을 때, 원하는 주식을 저가에 매수하기 위한 '총알'을 준비하는 차원에서다.

필자의 개인적인 의견으로는 시장 상황이 안정적일 때는 현금 비중을 20% 정도까지 줄여도 크게 상관이 없다. 우리가 흔히 말하는 주식 시장 붕괴는 30% 이상 주가가 급락하는 현상을 지칭하는 것인데 이런 식의 시장 붕괴는 미국 주식 시장 100년의 역사에서 단 12차례밖에 없었기 때문이다. 하지만 지금처럼 코로나19의 영향으로 세계 경제 상당 부분이 마비된 상황이고 시장의 많은 전문가가 나스닥을 중심으로 한 주식 시장의 버블에 대해 우려를 표하고 있는 현상을 고려해볼 때, 현금 비중을 30% 이상으로 높여 유지하는 것이 바람직하다고 판단한다. 준비된 자에게 주식 시장의 폭락은 즐거운 바겐세일이 될 수 있다. 반면, 준비되지 않은 자에게 주식 시장의 폭락은 극심한 스트레스와 공포 그 자체일 것이다.

다음의 '미주은 보유 종목별 비중'에서는 필자가 보유하고 있는 종목 리스트, 각 종목이 차지하고 있는 비중을 확인할 수 있다.

필자가 가장 높은 비중으로 투자하고 있는 종목은 아마존(AMZN, 20%)이며 그 뒤를 엔비디아(NVDA, 10%), 테슬라(TSLA, 8%), 애플(AAPL, 8%)이 따르고 있다. 이외에도 스퀘어(SQ, 7%), 리봉고헬스(LVGO, 7%), 페이스북

[미주은 보유 종목별 비중]

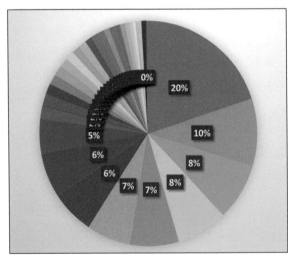

■ 아마존
■ 엔비디아
■ 테슬라
■ 애플
■ 스퀘어
■ 리봉고헬스
■ 페이스북
■ 구글
■ 마이크로소프트
■ 도큐사인
■ 비자
■ 버진갤럭틱
■ 인튜이티브서지컬
■ 엣시
■ FASTLY INC
■ SEA ADR
■ 존슨앤드존슨
■ 니오 ADR
■ 데이터독
■ 워크호스그룹
■ 페이팔홀딩스
■ 테라다인
■ 징동닷컴 ADR
■ 트윌리오
■ CRWDSTRK HLD INC
■ TSMC ADR
■ 퀄컴
■ 텔라닥
■ 캐털란트

• 출처: 유튜브 '미국 주식으로 은퇴하기'

(FB, 6%), 구글(GOOG, 6%) 등이 비중이 높은 대표적인 투자 종목이다.

필자의 포트폴리오를 분석해보면, 상위 5개 종목이 차지하는 비중이 50%를 훌쩍 넘기고 있고, 상위 10개 종목이 차지하는 비율도 80% 가까이 된다. 솔직히 말하자면 이 부분은 개인적으로 탐탁지 않아서 향후 상위 10개 종목의 비중을 조금씩 줄여나가는 방향으로 투자를 진행할 계획이다.

필자는 총 33개의 개별 종목에 투자하고 있는데 왜 이렇게 많은 종목에 투자를 진행하고 있는지에 대한 이야기는 다음 장에서 설명하겠다. 참고로, 비중이 너무 작아 그림에 이름이 나오지 않는 종목 4개는 AT&T(T), 슈뢰딩어(SDGR), 알트리아(MO), 내셔널헬스인베스터스(NHI)이다.

또한, 필자는 보유하고 있는 33개의 종목을 9개의 카테고리로 나눠봤다. 전체 투자금액에서 45.3%가 소위 말하는 FAMANG(Facebook, Apple, Microsoft, Amazon, Netflix, Google)에 들어가 있음을 쉽게 확인할 수 있다. 11.8%는 엔비디아(NVDA), 퀄컴(QCOM), TSMC(TSM), 테라다인(TER) 등

[미주은 보유 종목 산업별 비중]

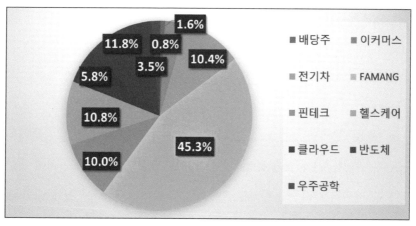

• 출처: 유튜브 '미국 주식으로 은퇴하기'

의 반도체 관련 기업에 투자되어 있다. 개인적으로 반도체섹터의 투자 비중은 꾸준히 늘려나갈 계획을 갖고 있다.

세 번째로 투자 비중이 높은 섹터는 헬스케어로 10.8%의 투자 비중을 보여주고 있다. 헬스케어에는 리봉고헬스(LVGO), 텔라닥(TDOC), 인튜이티브서지컬(ISRG), 존슨앤드존슨(JNJ), 캐털란트(CTLT) 등 5개 종목이 포함되어 있으며 수익률은 상당히 좋은 편이다.

네 번째로 많은 금액이 들어간 산업분야는 전기차(ELECTRIC VEHICLE) 부분이며 테슬라(TSLA), 니오(NIO), 워크호스그룹(WKHS) 등 3개 종목을 갖고 있는데 현재까지는 가장 수익률이 높은 카테고리이기도 하다.

마지막으로 하나만 더 살펴보면, 파란색으로 표시된 핀테크가 10.0%의 비중을 차지하고 있다. 종목이 여러 개 포함되어 있지는 않지만 비자(V), 페이팔(PYPL), 그리고 이 책에서 함께 공부했던 스퀘어(SQ)가 많은 비중을 차지하고 있다.

투자하고 있는 종목들을 이와 같이 카테고리별로 나눠 분석해보면, 자신이 투자 비중을 높게 가져가고 있는 섹터와 비교적 투자가 빈약한 섹터를 비교해볼 수 있고, 카테고리별 수익률도 비교하면서 향후 투자방향을 결정하는 데 적지 않은 도움을 받을 수 있다. 독자 여러분도 각자의 투자 종목들을 갖고 비슷한 분석을 직접 해보면 적지 않은 재미를 느낄 것으로 생각된다.

아쉽지만 필자의 포트폴리오에 대한 소개는 여기까지다. 욕심 같아서는 보유하고 있는 33개 모든 종목에 대한 기업 분석 내용과 투자 가치에 대한 정보를 자세히 알려주고 싶지만, 이번 책에서는 미국 주식 투자에 대한 전반적인 내용을 다루다 보니 개별 기업에 대한 정보까지 커버하기는 어려울 것 같다. 기회가 된다면, 다음에 집필할 책에서는 필자가 개인적으로 투자 가치를 높게 평가하고 있는 모든 기업의 분석 내용을 공유하고 싶다.

물론 그럴 리 없겠지만 필자가 다음 책을 출간할 때까지 투자를 보류하면서 기다릴 필요는 전혀 없다. 이 책을 여기까지 읽은 독자 여러분은 이미 미국 주식 투자에 필요한 이론적인 토대를 단단히 구축했다고 생각해도 된다. 남들이 좋다고 말하는 종목들만 쫓아다니는 일부 팔랑귀 투자자들과는 차원이 다른 수준에 이미 도달한 상태다.

이제 웬만한 미국 주식 용어는 그 의미를 파악할 수 있고 필요한 투자 정보를 어디서 찾아볼 수 있는지도 다 알고 있다. 심지어는 투자 관심 종목을 가치주와 성장주로 나눠 해당 종목의 투자 가치를 스스로 평가할 수 있는 능력도 배양했다.

아울러 자신이 ETF에 투자하고 싶은지, 아니면 개별 종목에 투자하고 싶은지, 자신만의 논리를 갖고 마음에 결정도 내렸다고 믿고 있다. ETF나 개별 종목을 선택하기에 앞서 산업별 전망부터 자세히 따져보는 투자자도 이미 있으리라 기대해본다. 즉, 드디어 주식 투자를 직접 시작할 때가 온 것이다.

*

이제 마지막 한 장, 즉 5장이 남아 있다. 마지막 5장은 소중한 독자 여러분이 주식 투자의 전장으로 떠나기 전에 필자가 마지막으로 당부하고 싶은 내용들을 잔소리 형식으로 담아봤다. 아직 반년도 채 되지 않는 짧은 시간 동안 유튜브 '미국 주식으로 은퇴하기'를 운영하면서 생각보다 많은 사람이 순간의 실수로 많은 돈을 잃어버리는 안타까운 모습을 목격해왔다. 마지막 5장은 이 책을 읽는 독자 여러분만은 이런 실수들을 피해갔으면 하는 간절한 마음에서 추가했다.

★ ★ ★ ★ ★

5장

★ ★ ★ ★ ★

미주은의 잔소리

흔히 "실패는 성공의 어머니"라고 쉽게 말하는데 필자의 생각은 좀 다르다. 아직 50살도 되지 않은 나이에 꼰대처럼 말하는 것 같지만 필자는 개인적으로 'Success is a Habit(성공은 버릇이다)'라는 믿음을 갖고 살아왔다.

우리가 인생을 살아가는 데 있어 작은 성공의 경험들이 지속해서 쌓이다 보면, 모르는 사이에 성공이라는 행동 패턴이 하나의 버릇처럼 형성된다. 그러다 보면 스스로 터득한 나름의 성공 방정식에 따라 모든 일이 진행되며, 그 결과 또한 매번 긍정적인 방향으로 흘러갈 가능성이 높아진다. 이렇게 하면 실패할 확률은 당연히 떨어진다.

'작은 성공의 경험을 쌓기 위해서는 오랜 시간이 필요한데, 지금 당장 실패할 확률을 떨어뜨리는 방법은 없을까?'라고 생각할 수 있다. 그 방법도 있다. 바로 실수를 하지 않는 것이다.

특히 주식 투자에 있어서만큼은 실수는 되도록 하지 않아야 한다. 우리가 다양한 투자 중에서 굳이 주식 투자를 선택한 이유는 앞에서 말했던 '복리의 마법'에서 발생하는 혜택을 얻기 위함이다. 그런데 잦은 실수로 인해 투자 원금에 손실이 발생한다면 '복리의 마법'이 커다란 투자 수익을 선물해주는 기회가 사라진다. 우리는 주식 투자를 할 때 높은 수익률을 창출하는 것 이상으로 실수를 하지 않아야 한다. 그래야 돈을 잃지 않는다.

마지막 5장에서는 우리가 주식 투자에서 반드시 하지 않아야 할, 그리고 충분히 피할 수 있는 대표적인 실수들을 하나씩 짚어보고자 한다.

기억하자! '주식은 확률의 게임'이다. 필자의 진심에서 우러나오는 잔소리들을 독자 여러분이 지금부터 투자에 반영한다면, 좀 더 건강하고 성공적인 투자의 여정을 만들 것으로 기대해본다.

선공부&후투자

　필자의 첫 번째 잔소리는 '선공부&후투자(100% 확신이 생긴 종목에만 투자)'이다. 가장 먼저 등장하는 만큼, 짐작하겠지만 사실 이 부분이 가장 중요한 투자의 룰이라고 할 수 있다. 이 부분만 실제 투자에 반영해도 반 이상의 성공은 이룬 셈이다.

　요즘처럼 인터넷이 발달하지 않았던 과거에는 정보가 곧 권력이고 돈이었다. 주식 투자도 마찬가지였다. 일부 계층에 의해 독점되던 기업 정보를 활용해 소수의 사람들은 그들만의 리그를 만들었고 그 결과 엄청난 부가 소수의 사람들에게 편중됐다. 물론 지금까지도 이러한 부의 편중 현상은 완전히 해소되지 않았지만 적어도 이제는 개인 투자자들도 투자에 필요한 정보를 찾을 수 있는 시대에 살고 있다. 그런데도 이렇게 좋은 시대의 혜택을 누릴 생각을 하지 못하고 아직도 시대에 걸맞지 않는 고전적인 방식으로 투자를 진행하는 사람이 많은 것 역시 사실이다. 여기서 말하는 고전적인 방식이란, 투자 정보가 귀하고 한정되었던 시대에 가까운 지인에게 귀동냥으로 들은 내용을 갖고 투자 종목을 선정하던, 그래서 주식 투자로 돈을 벌기가 힘들었고 많은 사람이 주식을 하면 패가망신한다고 믿던 시절의 이야기다. 정보의 출처도 모르는 채 그냥 "이 종목이 좋다더라", "저 종목이 앞으로 뜬다더라" 등의 뜬구름 잡는 식의 정보를 갖고 소중한 우리 자산의 운명을 맡겨버리는 것은 무모한 짓이다.

시대가 바뀌었다. 조금만 시간과 에너지를 투자하면 미국 증시에 상장한 기업들 중에서 투자의 매력이 충분한 기업들을 어렵지 않게 찾아낼 수 있는 여건이 마련됐다. 요즘에는 미국 주식의 투자 정보를 요약해 친절하게 전해주는 유튜브 채널만 해도 10개가 넘는다. 물론 눈을 씻고 찾아봐도 '미국 주식으로 은퇴하기'가 단연 으뜸이기는 하다.

주식 시장이 안정적이고 잘나갈 때는 충분한 리서치와 검증과정을 거쳐 선정한 종목과 '좋다더라'는 말 한마디에 선택한 종목 간의 차이가 특별히 느껴지지 않는다. 상승장에서야 모두가 성공적인 투자자들이고 모든 주식이 효자 종목처럼 보인다.

문제는 조정이 올 때다. 주식 시장의 조정은 정기적으로 찾아오는 주식 투자의 한 부분이다. 통상 시장 지수가 10% 이상 빠지는 것을 시장의 '조정'이라고 부르는데 이러한 조정장은 최소 2년에 한 번씩은 찾아온다.

이렇게 10% 이상 주가가 빠질 때, 투자자들의 반응과 대처는 천차만별이다. 투자하고 있는 종목에 대해 충분한 정보와 업데이트를 확보하고 있는 투자자의 경우에는 좀처럼 흔들리는 기색이 없고 가끔씩 찾아오는 조정장을 오히려 추가 매수의 기회로 삼을 수 있다. 반면, '좋다더라'는 말만 듣고 종목을 선택했던 사람들의 상황은 사뭇 다르다. 10~20%씩 떨어지는 주가, 하루가 다르게 급감하는 증권계좌의 잔액을 보면 갑자기 머릿속이 복잡해지고 수많은 상상을 하게 된다. 왠지 투자하고 있던 기업이 내일 당장 망할 것 같고 2000년대 초반의 닷컴 버블처럼 예전 주가를 회복하는 데 10년도 넘게 걸릴 것 같은 불길한 예감이 엄습한다.

　과거 데이터를 분석해보면 10% 이상 주가가 급락한 조정장이 다시 원상복귀를 하는 데 평균 43일이 걸린다고 한다.[4] 처음 일주일이야 마음을 굳게 먹고 참겠지만 주가가 일주일 이상 하락하는 모습을 지켜보면 뉴스에 등장해 시장의 붕괴를 예상하는 전문가들의 예상이 들리기 시작하고 지금이라도 모두 매도해 손해를 최소화해야 하지 않을까 고민을 시작하는 단계에 도달한다. 이렇게 극심한 스트레스와 심리적 압박에 1~2주 시달리다가 결국 보유하고 있는 주식을 모두 처분하게 된다. 안타깝게도 그 시점이 최저점 근처일 가능성이 높다. 왜냐하면 이러한 조정장에서 웬만한 초보 투자자들은 유사한 과정과 심리 변화를 경험하기 때문에 비슷한 시기에 주식 보유를 포기하고 시장을 떠나갈 가능성이 높기 때문이다.

　결국은 '확신'의 차이다. 자신이 투자하고 있는 기업에 대해 투자자가 얼마만큼의 확신을 확보하고 있느냐에 따라 조정장이 찾아왔을 때 대처 반응은 완전히 다르게 흘러갈 수 있다. 이러한 확신의 차이는 평소 우리가 얼마나 투자 종목에 관심을 갖고 공부해왔으며 분기별 실적도 확인하고 새로 출시된 상품에 대한 시장의 반응도 살피면서 많은 시간과 에너지를 투자해왔느냐에 따라 달라진다고 믿는다. 반드시 100% 확신이 생기는 기업에만 투자해야 한다. 그래도 투자할 기업은 넘쳐난다.

---

4 〈시장의 조정에 대한 고찰(Reflections on Corrections)〉 [피델리티 인베스트먼트(Fidelity Investments)]

≡2≡
FOMO는 아니 되옵니다

한국에 있는 자신의 방에서 미국뿐만 아니라 전 세계 최고 기업들의 소식과 정보를 손쉽게 접할 수 있는데도 위험한 주식 투자의 행태는 여전히 빈번히 일어나고 있다.

다음 페이지를 잠깐 보자. 미국의 수소전기차업체이며 2020년 5월 나스닥에 상장한 니콜라(NKLA)의 주가 차트다.

니콜라의 주가는 6월 초 하루에만 100% 이상 폭등하면서 투자자들의 관심을 받기 시작했다. 그런데 이후 니콜라 관련 뉴스가 쏟아지자 테슬라(TSLA)의 성공을 지켜봤던 한국 투자자들이 이렇다 할 실적은 물론이고, 아직 기업의 실체도 드러나 있지 않았던 니콜라의 주식을 앞다투어 사들였다. 그 결과, 니콜라는 한국 투자자가 가장 많이 보유한 상위 종목에 이름을 올렸다.

문제는 단 5개월이 지난 10월에 니콜라 주가가 70% 이상 빠졌다는 것

[니콜라 주가 변동]

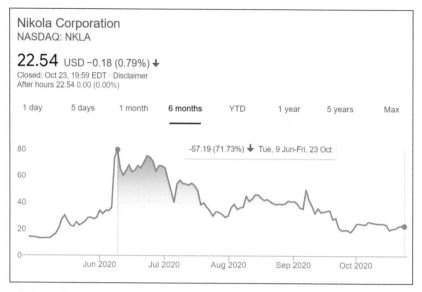

Nikola Corporation
NASDAQ: NKLA

22.54 USD −0.18 (0.79%) ↓
Closed: Oct 23, 19:59 EDT · Disclaimer
After hours 22.54 0.00 (0.00%)

| 1 day | 5 days | 1 month | **6 months** | YTD | 1 year | 5 years | Max |

−57.19 (71.73%) ↓ Tue, 9 Jun-Fri, 23 Oct

Jun 2020   Jul 2020   Aug 2020   Sep 2020   Oct 2020

• 출처: google.com

이다. 1억 원을 투자했다면 단 5개월 만에 7,000만 원을 날려버린 셈이다. 이번에도 역시 '좋다더라'가 문제였다.

투자자들이 세계 최고의 기업들이 넘쳐나는 미국의 주식 시장에서 어떻게 보면 가장 확률적으로 투자 가치가 떨어지는 니콜라에 달려든 배경에는, 소위 말하는 'FOMO(Fear Of Missing Out, 소외에 대한 공포) 증후군'이 한몫했다고 본다.

FOMO는 원래 사교 모임 등의 자리에 자신만 빠지는 걸 두려워하는 신조어였다. 요즘에는 니콜라처럼 하루에 100%씩 상승하는 주식이 나타났을 때, 이번 주식 랠리에서 자신만 소외될지 모른다는 'FOMO 증후군'에 시달린 끝에 결국 앞뒤 재보지도 않고 남들 따라 거금을 주식 시장에 투척

하는 현상을 설명하는 데 사용되고 있다.

이렇게 FOMO 증후군에 떠밀리듯 주식 투자를 하면 가장 기본적인 주식 투자의 원리를 지키지 못하게 된다. 바로 '가장 쌀 때 사서 가장 비쌀 때 팔라'이다.

계속 오르기만 하는 주식 시장도, 종목도 존재하지 않는다. FOMO 증후군을 느낄 만큼 상승 폭이 큰 종목이라면 적어도 단기적으로는 하락세를 보일 가능성이 높다는 것을 기억해야 한다.

≡3≡
마켓의 변동에
매도하지 말자

사실 주식은 투자 가치와 내재 가치가 충분한 기업들을 팔로우하다가 잘나갈 때 매수하는 것이 아니라 주가가 떨어질 때 사야 한다. 그런데도 많은 투자자가 잘나가는 종목을 쫓아가는 FOMO 분위기에 휩싸여 주가가 최고점을 찍을 때 매수하는 바람에 몇 달씩 최고점에 물려 쓸데없이 스트레스에 시달린다. 또 하나, 초보 투자자들이 자주 범하는 실수는 주식 시장이 5~10% 급락하면 순간적인 공포심에 휩싸여 평소에는 확신을 갖고 있었던 종목인데도 매도하는 것이다.

지난 100년간의 데이터를 분석해보면, 미국 주식 시장이 20% 급락하는 폭락장은 7년에 한 번씩 찾아왔으며 10% 이상의 하락을 보인 조정장은 16개월에 한 번씩은 늘 있어 왔다.

5% 이상 주가가 떨어지는 작은 조정장의 경우, 1년에 3번 정도는 평균적으로 발생한다는 것을 통계적으로 확인할 수 있다. 따라서 우리 투자

[미국 시장의 조정장 현황]

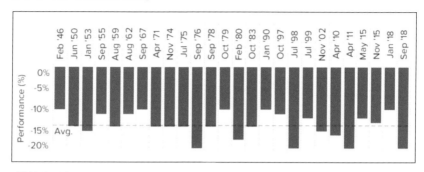

• 출처: CNBC

자들은 4달에 한 번씩은 5% 이상의 작은 조정장이, 1~2년에 한 번씩은 10% 이상 시장이 급락하는 조정이 찾아올 수 있음을 항상 염두에 두면서 투자 계획을 세워야 한다.

　마켓의 변동은 항상 있어 왔다. 미리 예측할 수도 없고, 피할 수도 없는 것이 주식 시장의 정기적인 급락이다. 마켓의 변동성에 지레 겁먹어서 매도하지 말고 간만에 찾아온 저가 매수의 기회라고 생각하자.

4
현금 확보의
중요성

적어도 2년에 한 번씩은 찾아오는 조정장에서 스트레스를 받지 않고 평단가를 낮추기 위해서는 충분한 '총알'이 필요하다. 문제는 이게 말만큼 쉬운 일이 아니라는 것이다.

필자의 경우, 보유하고 있는 현금의 상당 부분을 일부러 주식계좌로 옮겨놓지 않고 은행계좌에 묻어둔다. 이렇게 해놓으면 갑자기 순간적인 판단으로 주식을 사는 충동 매수를 어느 정도 자제할 수 있고, 조정장이 올 때까지 일정 금액의 현금을 지켜내는 데 효과적이기 때문이다.

현금을 충분히 확보하고 있는 투자자에게는 2가지 혜택이 주어진다.

첫 번째 혜택은 수익성에 있다. 조정장이 와서 주가가 평소보다 떨어졌을 때 원하는 주식을 저가에 매수할 기회를 잡을 수 있다는 것이다. 물론, 오랫동안 조정장이 오지 않아 현금으로 묵혀둔 금액만큼 수익성이 떨어지는 경우도 발생한다. 하지만 기억하자! 방어적인 투자전략으로 상승장을 놓쳤다면 다음 기회는 잡을 수 있다는 것을 말이다. 앞에서 말한 것처럼 조정장은 정기적으로 찾아오기 때문이다. 주식 시장에서는 수익률을 높이는 것도 중요하지만 돈을 잃지 않는 것이 먼저다.

두 번째 혜택은 심리적인 안정이다. 넉넉한 현금을 보유하고 있는 투자자들은 은근히 조정장을 기다리게 된다. 그래야 대비책으로 마련해놓은 현금을 사용할 기회가 오기 때문이다. 현금이 확보되어 있을 때는 주식 시장의 변동을 별다른 감정의 흔들림 없이 지켜볼 수 있다. 주가가 오르면 보유하고 있는 주식들의 수익이 올라가서 좋고, 반대로 주가가 떨어지면 저가 매수의 기회가 와서 좋다. 이래도 좋고, 저래도 좋은 상황을 만들 수 있는 것이다.

≡5≡
분산 투자와
야구 경기의 상관관계

필자는 주식 포트폴리오에 30개가 넘는 종목을 보유하고 있다. 이렇게 많은 종목에 분산 투자하고 있는 이유를 지금부터 설명하고자 한다.

필자는 많은 스포츠 중 야구를 가장 좋아한다. 지금이야 외국에 오래 거주하면서 예전만큼 관심을 가지고 팔로우하지는 못하고 있지만 한때는 개인적으로 좋아하는 LG 트윈스의 경기가 있는 날에는 단 한 경기도 빠지지 않고 경기의 하이라이트라도 챙겨볼 정도로 광팬 중 한 명이었다.

흔히 "야구는 투수 놀음이다"라고 말한다. 그만큼 투수라는 포지션이 야구 경기에서 차지하는 비중이 크다는 의미인데, 실제로 타자와 투수와의 대결에서 투수가 승리할 확률은 70%가 넘어간다.

다음 표는 2020년 프로야구 시즌 중 최고의 활약을 보이는 타자들의 순위와 타율을 보여주고 있다(주식 분산 투자의 합리성을 설명하기 위해 이 표를 예로 들었다). 이 최고의 타자들이 400~500번 이상 펼쳐왔던 투수와의 맞

[한국 프로야구 타자 순위]

순위	선수	타율	경기수	타수	안타	2루타	3루타	홈런	타점	득점	도루	볼넷	삼진	출루율	장타율	>
1	최형우 (KIA)	0.354	140	522	185	37	1	28	115	93	0	70	101	0.433	0.590	
2	손아섭 (롯데)	0.352	141	540	190	43	0	11	85	98	5	61	56	0.415	0.493	
3	로하스 (KT)	0.349	142	550	192	39	1	47	135	116	0	65	132	0.417	0.680	
4	박민우 (NC)	0.345	126	467	161	27	5	8	63	82	13	36	48	0.402	0.475	
5	페르난데스 (두산)	0.340	144	586	199	29	0	21	105	104	0	58	42	0.404	0.497	

위 표의 탭: 투수 순위 / 타자 순위

• 출처: 네이버 스포츠

대결에서 이길 수 있는 확률은 35%가 그 한계라는 것을 통계상으로 확인할 수 있다.

그런데, 이렇게 여러 번의 타석이 아니라 단 한 번의 대결에서 타자가 이길 수 있는 확률은 어떨까? 아마도 그 결과를 예측하기란 쉽지 않을 것이다. 확률이 30%도 되지 않는 타자들이 가끔은 안타도 치고, 홈런도 칠 수 있는데, 그게 바로 이번 타석이 될 수도 있기 때문이다.

이와 같은 확률의 변동성을 수학적인 용어로는 '표준편차(Standard Deviation)'라고 한다. '표준편차'는 평균적인 결과치에서 실제 결과가 얼마나 벗어날 수 있느냐를 측정하는 값인데, 이 표준편차는 평균을 만들어내는 유효 샘플의 수가 적을수록 커질 수밖에 없다. 따라서 투수가 타자와의 대결에서 이길 확률에 베팅을 한다면, 단 한 번의 대결보다는 100번 아니 1,000번의 대결에서 투수가 이길 확률에 베팅하는 것이 좀 더 현명한 투자가 될 수 있다.

그럼, 이러한 '표준편차'를 주식 투자에 적용해 설명하겠다. 다음 페이지의 '투자 종목 수에 따른 수익률의 변화'는 미국 주식 투자 컨설팅회사인 모틀리풀(Motley Fool)에서 발표한 리서치 결과다. 모틀리풀은 자체 진행하는 주식 분석을 통해 투자 성공 확률이 높은 종목들을 추천하는 유료회

원 서비스를 제공하고 있다. 다음의 결과는 투자자들이 모틀리풀에서 추천한 종목들에 5년간 투자를 진행했을 때 투자 종목 수에 따라서 그 수익률이 어떻게 차이가 나는지를 보여준다.

[투자 종목 수에 따른 수익률의 변화]

주식 투자 수익률 시뮬레이션
투자 종목 수에 따를 수익률의 변화 추세

포트폴리오 투자금액	보유 주식 수	투자기간
$100,000.00	1 5 10 15 20 25 30 35 40 45 50	1 3 5
-78.4%	Average: 69.8%	634%
$21,612.20	Average: $169,768.62	$733,981.08

포트폴리오 투자금액	보유 주식 수	투자기간
$100,000.00	1 5 10 15 20 25 30 35 40 45 50	1 3 5
-2.5%	Average: 70.1%	205.8%
$97,540.05	Average: $170,109.04	$305,842.06

• 출처: 모틀리풀

윗부분에서는 투자자들이 단 한 종목을 선정해 소위 말하는 '몰빵'을 했을 때 결과를, 아랫부분에서는 투자자들이 25개의 종목에 분산 투자를 했을 때 결과를 볼 수 있다.

개인적으로 매우 재미있게 생각되는 결과는 중간에 보이는 평균 수익률인데 단 한 종목에 투자했건, 25개 종목에 넓게 분산 투자를 했건 평균 수익률은 크게 달라지지 않았다(한 종목 평균 수익률: 69.8%, 25개 종목 평균 수익률: 70.1%). 하지만 왼쪽에 빨간색으로 표시된 최저 수익률과 오른쪽에 파란색으로 표시된 최고 수익률의 경우는 그 결과가 사뭇 달라진다.

한 종목에 올인한 투자자들 중 최저의 수익률을 보인 경우 투자 리턴이 -78.4%까지 떨어진 것을 확인할 수 있는 반면, 25개 종목에 분산 투자한 투자자들 중 최악의 경우는 단 2.5%의 손실을 보는 데 그쳤다.

이 리서치 결과를 바탕으로, 필자가 독자 여러분에게 전달하고 싶은 메시지가 있다. 평균적으로 만들어낼 수 있는 수익률이 비슷한 상황에서 굳이 1~2개 종목에 집중 투자해 원금 손실의 위험이 높아지는 투자전략을 구사할 필요가 있느냐는 것이다.

물론 한 종목에 투자한 경우 가장 성공적인 투자자는 634%라는 대박을 이뤄냈다. 하지만 25개 종목에 투자해서도 5년 만에 200% 이상의 리턴을 만들어낼 가능성이 있으니 그 정도로 만족할 수는 없는 것일까?

우리가 분산 투자를 해야 하는 이유는 이뿐만이 아니다. 필자가 30개가 넘는 종목에 투자를 진행하고 있는 이유를 다음 페이지에서 크게 6가지로 정리해봤다. 마지막 6번째 이유(나는 주식 유튜버다!)를 제외하면, 독자 여러분에게도 해당된다고 생각한다. 그럼, 하나씩 간단히 설명해보겠다.

첫째, '표준편차를 줄이기 위해서'다. 흔히 초심을 잃지 말아야 한다고 말한다. 우리는 '왜 한국 주식 시장을 떠나 머나먼 미국 주식 시장으로까지 진출해 투자활동을 하고 있는지' 기억해야 한다. 지난 10년간 박스권을 유지하고 있는 답답한 한국 주식 시장에 반해, 연평균 10%가 넘는 수익률을 꾸준히 투자자들에게 안겨주고 있는 미국 시장의 매력이 그 결정적인 이유가 아니었던가? 즉, 시장 자체가 투자 성공의 확률을 높여주기

[30개가 넘는 종목에 분산 투자를 하는 이유]

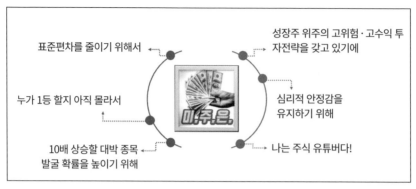

표준편차를 줄이기 위해서

성장주 위주의 고위험·고수익 투자전략을 갖고 있기에

누가 1등 할지 아직 몰라서

심리적 안정감을 유지하기 위해

10배 상승할 대박 종목 발굴 확률을 높이기 위해

나는 주식 유튜버!

• 출처: 유튜브 '미국 주식으로 은퇴하기'

때문이다.

만약 단 1~2개 종목에 몰빵하는 투자 형태를 유지한다면 이렇게 높은 미국 주식 시장의 투자 확률이 효과를 발휘하지 못하게 된다. 그럴 바에는 한국 기업 중에서 미래 가치가 높아 보이는 종목을 1~2개 선정해 투자하는 것이 매매 수수료도 아끼고 세금도 절감하는 등 오히려 더 효과적인 투자방식이 될 수 있다.

따라서 우리가 이렇게 건강한 미국 시장의 평균 수익률에서 파생되는 혜택을 100% 활용하기 위해서는 되도록 종목 수를 늘리고 표준편차를 줄임으로써 그 평균 수익률에서 크게 벗어나지 않는 결과를 만들어내기 위해 노력해야 한다.

둘째, '누가 1등 할지 아직 몰라서'이다. 미국 주식 시장의 또 하나의 매력은 그 안에 존재하는 수많은 우량 기업이다. 한두 개도 아니고, 조금만 시간을 투자해 공부해보면 투자 가치가 높은 기업이 넘쳐나는 것을 쉽게 알 수 있다. 이렇게 멋진 기업들을 쉽게 발굴할 수 있다는 것은 분명 미국 주식 시장만이 갖고 있는 특별한 가치임에 틀림없다.

투자자들 입장에서는 어떤 기업이 좀 더 높은 수익을 안겨줄지 쉽게 판단하기 어려운 경우가 많다. FAANG으로 대표되는 메가 테크 기업만 해도 마찬가지다. 페이스북(FB), 애플(AAPL), 아마존(AMZN), 넷플릭스(NFLX), 구글(GOOG) 중에서 어떤 기업이 좀 더 투자 가치가 높은지 쉽게 판단이 서지 않는다. 이럴 때는 일단 1등 후보들에 골고루 분산 투자하는 것이 하나의 방법이 될 수 있다. 필자의 포트폴리오 구성 종목이 30개가 넘어가게 된 결정적인 이유이기도 하다.

이렇게 성장 가능성이 높은 종목들에 투자금을 분산시켜 놓고 지속해서 자신이 보유하고 있는 기업들의 동향을 살펴보자. 그러면 새로운 제품이나 서비스의 개발, 분기 어닝 실적 향상, 인수 합병 등을 통한 사업 확장 관련 소식 등으로 점점 커다란 확신을 심어주는 종목들이 나타날 것이다. 좀 더 집중적인 투자는 이럴 때 시작해도 늦지 않는다.

셋째, '10배 상승할 대박 종목 발굴 확률을 높이기 위해서'다. 필자가 미국 시장에 투자를 결심하게 된 이유는 크게 2가지로 정리된다. 오랜 기간에 걸쳐 검증된 높은 투자 수익률, 그리고 4차 산업혁명을 이끌어갈 혁신적인 기업들이 대거 포진해 있다는 이유다.

'혁명'이라고 이름이 붙여질 정도의 변화가 찾아오면 기업의 비즈니스 환경에도 큰 지각 변동이 일어난다. 이러한 탈바꿈의 과정에서 상당수 기업이 도태될 것이고, 반면 그 변화를 선도하는 기업들은 상상을 초월하는 성장을 보여줄 기회를 창출한다. 따라서 우리 투자자들은 앞으로 '4차 산업혁명'의 선두주자 역할을 할 기업들을 발굴해 투자하면 소위 말하는 '대박'의 기회를 잡게 될 가능성이 높다.

물론 문제도 있다. 이런 기업들을 발굴해내기 위해서는 잠재력을 지니고 있는 수많은 기업을 리스트 업해놓고 꾸준히 팔로우하면서 성장 가능성을 지속적으로 모니터링하는 방법 외에는 뾰족한 수가 없다는 것이다. 결국 이 또한 확률 싸움인데, 필자는 대박 종목 발굴의 확률을 조금이라도 높이기 위해 되도록 많은 종목을 보유하려고 노력 중이다.

30개가 넘는 많은 종목에 투자하고 있지만 그 숫자보다 더 중요한 것은 사실 보유하고 있는 기업들 하나하나에 얼마만큼 확신을 갖고 종목 수를 늘려 나가는가이다. 만약 30개가 넘는 종목을 보유한 우리의 포트폴리오가 단순한 투자 분산을 위한 방편이 아니라 광범위한 리서치와 철저한 검증의 과정을 거쳐 살아남은 정예 기업의 집합체라면 그 기업들 중 2~3개 정도는 향후 5배 아니 10배, 20배의 수익을 안겨줄 대박 종목으로 성장할 가능성이 그만큼 높아질 것이다.

넷째, '성장주 위주의 고위험 포트폴리오를 운영하고 있기 때문'이다. 진정한 의미의 분산 투자는 사실 여러 종목에 투자하는 것보다는 훨씬 더 안전성 있는 투자 형태를 지칭한다.

다음의 '투자성향에 따른 포트폴리오 구성'은 투자자들이 성향별로 포트폴리오를 어떻게 구성하는지 보여주고 있다. 가장 보수적인(Conservative) 투자방식의 경우 포트폴리오에서 주식이 차지하는 비율은 20% 정도에 그치고 있으며, 50% 정도의 자산은 채권에 들어가 있는 것을 확인할 수 있다. 가장 공격적인(Aggressive Growth) 투자성향의 포트폴리오를 봐도 15% 정도의 자산은 채권에 투자되어 있으며 주식에 투자된 금액도 일정 부분은 미국 시장이 아닌 외국 시장에 분산 투자한 것을 확인할 수 있다.

만약 우리가 모든 투자금을 100% 주식 시장에, 그것도 미국 주식 시장

[투자성향에 따른 포트폴리오 구성]

	보수적 투자자	균형적 투자자	성장 지향적 투자자	공격적 투자자
■ 미국 주식 투자 ■ 외국 주식 투자 ■ 채권 투자 ■ 단기 투자 상품	6% / 14% / 30% / 50%	15% / 10% / 35% / 40%	21% / 5% / 49% / 25%	25% / 15% / 60%
연수익률 %				
평균 연수익률	5.96%	7.96%	8.97%	9.65%
최고 연수익률	31.06%	76.57%	109.55%	136.07%
최저 연수익률	–17.67%	–40.64%	–52.92%	–60.78%
최고 20년 평균 연수익률	10.98%	13.83%	15.34%	16.49%
최저 20년 평균 연수익률	2.92%	3.43%	3.10%	2.66%

• 주: '단기 투자 상품'은 양도성 예금증서, 단기 국채 상품, 채권형 펀드 등을 말한다.
• 출처: rothandcompany.com

에 100% 넣어둔 상황이라면 이미 그것만으로도 매우 공격적이며 집중적인 투자방식을 선택한 것이라 평가할 수 있다.

그렇기 때문에 자산 대부분을 미국 주식에 투자하고 있다면 그 위험성을 조금이라도 감소시키기 위해 되도록 여러 종목으로 분산 투자를 할 필요성이 있다고 생각한다. 필자의 경우 보유하고 있는 종목 대부분이 비교적 투자 위험성이 높은 '성장주'들이기 때문에 더더욱 여러 기업에 분산 투자가 바람직하다고 판단했다.

다섯째, '심리적인 안정감을 유지하기 위해서'다. 장기적인 관점으로 미국 증시에 뛰어든 투자자라면, 앞으로 10~20년 동안 지속될 투자의 여정 역시 안정적인 과정으로 만들어야 한다. 주식 투자가 매일매일 스트레스에 시달려 머리가 아프고 인내해야 하는 고통의 과정이 되어서는 안 된다.

워낙 인내심이 강한 한국인의 특성상 10개월을 인고하며 견뎌낼 수는 있 겠지만 10년 이상을 그렇게 참아가며 살 수는 없다. 주식 투자는 삶의 목 적이 아닌, 삶을 윤택하게 만들기 위한 하나의 수단에 불과하기 때문이다.

주식 투자의 여정은 가능한 한 좀 더 쉽고, 좀 더 편안하고, 좀 더 재미있 어야 한다는 것이 필자의 생각이다. 주식 투자를 이렇게 편안한 마음으로 즐기려면 앞에서 말한 작지만 의미 있는 팁들을 반드시 실행해야만 한다. 즉, '선공부&후투자'를 하고, 잘 알지도 못하는 종목에 FOMO 증후군에 의한 투자를 해서는 안 되며, 항상 일정 금액의 현금을 확보하면서 여러 종목에 분산 투자하여 1~2개 종목의 변동성에 상처받지 않도록 안전장치 를 해놓아야 하는 것이다.

몇 개의 기업에
분산 투자해야 하는가?

　과연 우리가 효과적으로 분산 투자를 하기 위해서는 몇 개의 종목을 포트폴리오에 포함하고 있어야 할까?

　분산 투자의 적정 종목 수에 대해서는 정말 다양한 의견이 존재한다. 에반스와 아처라는 학자는 1968년에 발표한 연구결과에서 10개 종목만 보유하고 있으면 충분한 분산 투자라는 의견을 제시했다. 1987년 마이어 스태트먼 교수는 에반스와 아처의 의견을 반박하면서 최소 30~40개 종목을 보유해야만 적절한 분산 투자를 실행할 수 있다고 주장했다. 2001년 캠벨, 레토, 말키엘 등의 학자가 공동으로 발표한 논문에서는 갈수록 변동성이 커지는 주식 시장을 감안할 때 최소 50개 이상의 종목에 분산 투자해야 한다는 의견이 나온다.

　반면, "지나친 분산 투자는 무지함을 감추기 위한 수단이다"라며 집중 투자에 무게를 실어주었던 현존 최고의 투자자인 워런 버핏은 포트폴리오의

50% 정도는 5개 정도의 종목에 집중 투자하고, 나머지 50% 중 30% 정도는 15개 정도의 종목에 분산 투자하는 방식을 제시했다.

이렇게 효과적인 분산 투자에 필요한 적정 종목 수를 갖고 의견이 분분한 가운데, 전문가들 사이에서 가장 폭넓게 받아들여지는 이론이 있어 소개하고자 한다.

에드윈 엘튼, 마틴 그루버가 함께 쓴 책인 《현대 포트폴리오 이론과 투자 분석(Modern Portfolio Theory and Investment Analysis)》에 따르면, 하나의 특정 종목이 갖고 있는 표준편차는 평균 50%까지 올라갈 수 있다. 즉, 단 하나의 종목에 투자하면 주식 시장의 역사적 평균 수익률에서 50%까지 벗어나는 결과를 초래할 수 있다는 것이다. 총 50%의 표준편차에서 30%는 시장의 위험성(Market Risk)에서 기인되는 것이고 나머지 20%는

[분산 투자를 위한 적정 종목 수]

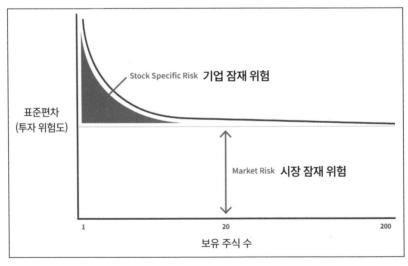

• 출처: investopedia.com

각 종목이 갖고 있는 특정 기업의 위험성(Stock Specific Risk)에서 오는 것이다.

여기서 30%를 차지하는 시장의 위험성은 어떤 방식으로 투자를 하든, 어떤 종목에 투자를 하든, 투자자의 힘으로 감소시킬 수 없다. 반면, 20%를 차지하는 기업의 위험성은 우리가 어떤 기업을 선택하느냐, 혹은 얼마나 많은 종목을 포트폴리오에 담느냐에 따라 현격하게 감소시킬 수 있다.

《현대 포트폴리오 이론과 투자 분석》에 따르면, 20개의 종목에 분산 투자를 할 경우, 20% 가까이 되는 표준편차를 0.8% 수준으로 감소시킬 수 있다고 한다. 즉, 하나의 종목에 투자할 때보다 20개의 종목에 분산 투자를 할 때 특정 기업의 위험성은 거의 대부분(96% 이상) 제거할 수 있다는 주장이다. 그러므로 종목 수를 늘리면서 기업을 따라가는 과정이 너무 부담스럽지만 않다면, 20개 정도까지로 종목 수를 늘려 분산 투자를 진행하는 것이 확률적으로 좀 더 안정적인 투자 수익을 확보하는 방법이 될 수 있다.

≡7≡
미주은 행복 투자론

사람마다 살아가는 방식이나 삶의 가치관은 천차만별이다. 하지만 우리 모두가 추구하는 삶의 목적만은 단 하나로 모아질 것이다. 바로 '행복'이다. 물론 사람에 따라 행복이라는 궁극적인 목표를 달성하는 데는 각기 다른 자극이 필요하다. 어떤 이는 사회적 지위나 명예를 따라가고, 어떤 이는 재물에 목숨을 건다. 또 어떤 이는 오지에 가서 자신보다 적게 가진 사람들을 위해 봉사하며 행복이라는 삶의 목표에 다가간다. 사람에 따라서는 매 순간 중독성 있는 쾌락에 집착하면서 도박이나 술, 섹스에 빠져 헤어 나오지 못하기도 한다.

그렇다면 우리가 추구해야 하는 바람직한 주식 투자의 모습은 어떤 것일까? 이 질문에 대한 해답을 찾기 위해서라며 주식 투자는 삶의 목적이 아니라 행복이라는 삶의 목표를 달성하는 데 필요한 수많은 조건 중 단 하나에 불과하다는 것을 기억하고 있어야 한다.

지난 1년 동안 테슬라(TSLA) 주식은 800% 정도 상승했다. 하지만 1년의 시간 동안 테슬라 주식을 별다른 매매 없이 꾸준히 보유하고 있었던 투자자는 생각보다 많지 않았다. 그래서 우리는 늘 부럽다. 그리고 안타깝다. '1년 전에 테슬라에 몰빵하고, 주식 앱을 지워 버렸어야 했는데…' 하고 후회한다.

만약 우리가 지난 1년간 테슬라 주식을 보유해온 주주였다면 우리는 과연 행복할 수 있을까? 물론 적어도 2~3일 동안은 하늘을 나는 기분이었을 것이고 일주일 동안은 가족들의 얼굴에서 미소가 떠나지 않았을 것이다. 사람에 따라 한 달 가까이 좋은 기분으로 즐거운 시간을 보낼 가능성도 있다.

그런데 문제는 그다음이다. '행복'이라는 감정은 다른 감정과 똑같은 시스템을 갖고 움직인다. 즉, '자극'이 있을 때만 느낄 수 있다. 이미 '자극'의 상태를 벗어나 일정 시간 이상 지속해온 '상태'로는 안타깝지만 행복이라는 감정을 창출해낼 수 없다.

어떻게 생각하면, 그래서 인생은 오히려 공평할 수 있다. 매달 10억 원을 벌던 사람이 한 번 더 행복이라는 감정에 빠져들기 위해서는 월 11억 원을 벌어야 하지만, 매달 100만 원을 벌던 사람은 그 수입이 200만 원만 되어도 세상에서 가장 행복한 사람이 될 수 있다. 대기업에서 임원으로 있는 사람보다 만년 과장에서 차장으로 승진한 사람이 느끼는 행복이 더 클 수 있다.

우리는 행복한 삶을 영위하는 데 재정적인 도움을 받고자 주식 투자에 뛰어 들었다. 그래서 우리는 기억해야 한다.

첫째, 주식 투자가 너무 힘들어져서 우리들 인생을 힘들게 만들어서는 안 된다.

둘째, 필요한 만큼만 벌면 된다.

주식 투자가 실패로 돌아가는 이유는 사실 단 한 가지뿐이다. 바로 '욕심'이 그것이다.

1~2년 더 기다렸다가 자금이 모이면 시작해도 되는 것을, 빚까지 내서 투자하다가 패가망신하는 이유도 '욕심' 때문이며, 좀 더 안전한 분산 투자를 하지 않고 한 종목에 몰빵을 했다가 투자 원금을 다 날려버리는 것도 '욕심' 때문이다. 난생 처음 들어보는 기업의 주가가 하늘 높은지 모르고 올라갈 때 도대체 뭐하는 회사인지도 모르는 채 매수 버튼을 누르는 것역시 그놈의 '욕심' 때문이며, 모처럼 찾아온 조정장 초기에 분할 매수하지 못하고 보유하고 있던 현금을 하루 만에 써버리게 되는 것도 모두가 '욕심' 때문이다.

이렇게 커다란 욕심을 바탕에 두고 투자를 하면 결과가 좋게 나온다 해도 우리는 결코 행복해질 수 없다. 요행히 운이 좋아 욕심을 부린 만큼 엄청난 수입을 단기간에 올리면 그다음부터는 1년에 20~30% 수입을 올려서는 성이 차지 않을 것이다. 그렇게 되면 자기도 모르는 사이에 더 큰 행복을 느끼려고 더 큰 욕심을 내서 지난번보다 더 커다란 자극을 만들려고 할 것이다. 결국 그 운이 다하는 날을 맞이하게 된다.

1년, 3년, 5년, 이렇게 해가 지나감에 따라 조금씩 자라나는 우리의 주식 계좌 잔고는 우리를 커다란 갑부로 만들어주지는 못할 것이다. 그러나 투자하고 있는 기업의 작지만 꾸준한 성장을 바라보며 느낄 수 있는 삶의 소소한 재미와 나름대로 부지런히 은퇴 준비를 하고 있다는 안도감은 우리가 안정감 있는 하루하루를 보낼 수 있도록 도와줄 것이다.

　지난 5개월 넘게 '미국 주식으로 은퇴하기' 유튜브 채널을 운영하면서, 개인적으로 필자가 가장 많은 도움을 받은 부분은 사실 유튜브 광고 수입도 아니고 기하급수적으로 늘어나는 구독자 수를 확인하며 느껴왔던 성취감도 아니다. 너무나 많은 분이 관심과 사랑으로 지켜봐 주는 것을 알기에 미국 주식 투자를 시작하면서 나름대로 세웠던 투자계획과 전략들을 지금까지 흔들림 없이 지킬 수 있었다는 점이 개인적으로 가장 큰 수확이었다. 그래서 '미주은' 채널은 필자 자신의 성공적인 주식 투자를 위해서라도 앞으로 10년, 15년 꾸준히 지켜나갈 생각이다

　마지막 바람이 있다. 필자가 '미주은' 채널을 운영함으로써 자연스럽게 만들어내고, 또한 지켜 낼 수 있었던 건강한 투자 여정의 철학과 기본 원칙들이 지금 이 책을 읽고 있는 모든 독자 여러분께도 꼭 전달되었으면 하는 것이다.

　"우리 모두가 미국 주식으로 은퇴하는 그 날까지 다 함께 파이팅입니다!"

미국 주식으로 은퇴하기

2020년 12월 17일 초판 1쇄 발행
2021년 10월 13일 초판 6쇄 발행

지은이 | 최철
펴낸이 | 이종춘
펴낸곳 | (주)첨단

주소 | 서울시 마포구 양화로 127 (서교동) 첨단빌딩 3층
전화 | 02-338-9151
팩스 | 02-338-9155
인터넷 홈페이지 | www.goldenowl.co.kr
출판등록 | 2000년 2월 15일 제2000-000035호

본부장 | 홍종훈
편집 | 전용준, 홍종훈
디자인 | agentcat
전략마케팅 | 구본철, 차정욱, 나진호, 이동후, 강호묵
제작 | 김유석
경영지원 | 윤정희, 이금선, 최미숙

ISBN 978-89-6030-571-7 13320

• BM 황금부엉이는 (주)첨단의 단행본 출판 브랜드입니다.

황금부엉이에서 출간하고 싶은 원고가 있으신가요? 생각해보신 책의 제목(가제), 내용에 대한 소개, 간단한 자기소개, 연락처를 book@goldenowl.co.kr 메일로 보내주세요. 집필하신 원고가 있다면 원고의 일부 또는 전체를 함께 보내주시면 더욱 좋습니다. 책의 집필이 아닌 기획안을 제안해주셔도 좋습니다. 보내주신 분이 저 자신이라는 마음으로 정성을 다해 검토하겠습니다.